Jeannette Fischer · »Was ich begehre, ist bei mir«

*nexus 108*

Jeannette Fischer

# »Was ich begehre, ist bei mir«

# Narziss und Narzissmus

Klostermann / Nexus

Bibliografische Information der Deutschen Nationalbibliothek
Die Deutsche Nationalbibliothek verzeichnet diese Publikation
in der DeutschenNationalbibliografie; detaillierte bibliografische Daten
sind im Internet über *http://dnb.dnb.de* abrufbar.

Umschlagabbildung: Barockspiegel. Mit freundlicher Genehmigung
von HAMPEL Fine Art Auctions GmbH & Co. KG, München

© 2023 Vittorio Klostermann GmbH, Frankfurt am Main
Lektorat: Jeannine Horni, Wallisellen
Satz: Marion Juhas, Frankfurt am Main
Druck und Bindung: docupoint, Barleben
Alle Rechte vorbehalten. All Rights Reserved.

Gedruckt auf säurefreiem, alterungsbeständigem Papier
entsprechend ISO 9706.
Printed in Germany
ISBN 978-3-465-04629-5

*Für*
*Severin und Jasmin*
*Levin, Davin und Dorian*

*Vorwort*

Das Wort »Narzissmus« ist in aller Munde. Wir wissen, es ist eine schlechte Eigenschaft, und wird diese einer Person zugeschrieben, wird uns empfohlen, diesen Menschen weiträumig zu umgehen, ihn gar zu verlassen, falls es sich um eine Liebesbeziehung handeln sollte.

Der gängige Diskurs geht von der Pathologie eines Einzelnen aus, der oder die diese missliche Eigenschaft in die Beziehungen trägt und daselbst Unheil anrichtet. Um diese Blickweise zu erhärten, greifen viele zu »Diagnosen« und Zuschreibungen, nicht zuletzt, um sich selber als unschuldige Beteiligte zu verstehen, als unschuldig in solche Bindungen verwickelt.

Mich interessieren in diesem Buch die Bindungs- und Beziehungsformen, die zum Phänomen des »Narzissmus« führen. Dabei stütze ich mich auf das dritte Buch der *Metamorphosen* des antiken römischen Dichters Ovid, in denen er die Geschichte von Narziss und Echo erzählt. Das Leben des Narziss beschreibt er von dessen Zeugung bis zu seinem Tod, bis hin zur Blume, die man anstelle seines Leichnams findet, »in der Mitte safrangelb und umsäumt mit weissen Blütenblättern«. Es ist eine qualvolle Lebensgeschichte, die als wertvolle Vorlage für meine Ausführungen und Thesen dient.

In der psychoanalytischen Fachliteratur finden sich vielfältige Forschungen zum Thema »Narzissmus«, die bereits vor Sigmund Freud anfingen. Dessen Arbeit *Zur Einführung des Narzissmus* von 1914 etablierte jedoch den Begriff, der bis in die heutige Zeit ein Quell vieler Untersuchungen mit unterschiedlichsten Herangehensweisen und

Blickwinkeln geblieben ist. Zuerst galt der Narzissmus als pathologisches Phänomen, später gewann die Verliebtheit in die eigene Person eine neue Bedeutung als notwendiges Entwicklungsstadium, das uns Antrieb für Kreativität und Selbstwert bietet. Einige Psychoanalytiker gehen davon aus, dass der Narzissmus einfach gezähmt werden muss, um seine Extreme zu mässigen, und dass er als Grundlage des Erlebens und Verhaltens eines Menschen gewürdigt werden sollte.

Die Deutungsvielfalt ist gross. Bei meinen Betrachtungen schliesse ich mich hauptsächlich dem psychoanalytischen Diskurs der Intersubjektivität an, also einer Beziehungsform, die auf der Gleichwertigkeit der Menschen beruht, auf der Anerkennung der Differenz anderer Menschen, auf der Erkenntnis, dass andere Menschen immer Nicht-Ich sind. Ausgehend davon untersuche ich die Ursachen des Narzissmus, um das Phänomen verstehen zu lernen. Dabei vermeide ich Zuschreibungen und versuche stattdessen, die Gründe einer narzisstischen Beziehungsdynamik zu analysieren. Meine Erkenntnisse über deren Entstehung sollen nicht zuletzt dazu beitragen, dass wir die narzisstischen Anteile in uns selbst entdecken und allenfalls sogar verändern können. Die Grundlagen meiner Analyse in diesem Buch lieferte grösstenteils meine 30-jährige Praxis als Psychoanalytikerin – es handelt sich bei diesem Buch also vornehmlich um eine »Theorie der Praxis«.

Ich bedanke mich bei Jeannine Horni, meiner unermüdlichen Lektorin, die meinen Ausführungen die nötige Straffheit gibt, und bei meinem Verleger Vittorio Klostermann für sein Vertrauen. Guido Fluri danke ich von Herzen für seine grosszügige finanzielle Unterstützung.

## Narzisst und Narziss

In der heutigen Alltagssprache ist der Begriff »Narzisst« ein Schimpfwort. Wird jemandem diese Bezeichnung angeheftet, so sind sich alle einig: Das ist ein selbstbezogener und nur auf den eigenen Nutzen bedachter Mensch, boshaft, ein Quälgeist für jeden und jede. Dem Narzissten wird also Macht über seine Mitmenschen zugesprochen. Folglich kommen wir nicht umhin, über Macht nachzudenken, und zwar über Machtverhältnisse auf individueller wie auch auf gesellschaftlicher Ebene.

Die Figur des Narziss tauchte ursprünglich in der griechischen Mythologie auf und wurde vom römischen Dichter Publius Ovidius Naso (43 v. Chr. bis 17 n. Chr.), kurz Ovid, im dritten Buch seiner *Metamorphosen* ausführlich beschrieben, eingebettet in eine wortgewaltige Poesie. Es ist der Jüngling, der im Teich sein Spiegelbild sieht und sich in dieses verliebt. Er kann es jedoch weder berühren noch küssen, weil sein Spiegelbild sich ihm zwar auch nähert, im Moment der Berührung jedoch entzieht. Wichtig für die folgende Auseinandersetzung mit der Figur des Narziss ist, dass auch das Spiegelbild ihn begehrt.

Dass das Begehren des Narziss – wie von Ovid beschrieben – ihm selber gilt, wird in der heutigen Zeit von Alltagspsychologinnen und -psychologen genüsslich zitiert und bissig kommentiert; der Narziss ist zum Objekt einer permanenten Stigmatisierung geworden. Die Rede ist von einem narzisstischen Zeitalter, in dem führende Politiker und Politikerinnen, wichtige Player in Wirtschaft und Gesellschaft dank dieser Eigenschaft zu Macht gelangen – oder erst dank ihrer so genannten narzisstischen Veranlagung in solche Positionen hineingewählt beziehungsweise hineinbefördert werden. Wir scheinen diese Menschen also zu brauchen. Und vielleicht mögen wir sie sogar? Alles in allem jedoch stimmen wir in den Kanon mit ein, dass ein Selbstverliebter ein tendenziell rücksichtsloser Mensch ist, weil er das Gegenüber verkennt, es in seiner Eigenheit und Eigenständigkeit nicht wahrnimmt, es missachtet und für seine eigenen Zwecke missbraucht, sodass andere Menschen für ihn nur interessant sind, wenn er sie instrumentalisieren kann. In vielen Zeitschriften, allen voran Frauenzeitschriften, werden Narzissten thematisiert – vorzugsweise Männer – und Handlungsanweisungen für ein Verhalten ihnen gegenüber angepriesen. Die Medien sind voll von Schlagzeilen wie:

– Narzisst erkennen: Das sind die wichtigsten Warnsignale
– So erkennst du ihn (man beachte die männliche Zuweisung)
– Achtung: Verdeckter Narzissmus kann dein Selbstwertgefühl auf Dauer zerstören
– Besonders hochsensible Menschen geraten in ihrem Beziehungsleben immer wieder an Narzissten, die über sie hinwegwalzen oder ihnen das Herz brechen.

Narzissten sind die modernen Bösewichte, egoistisch und ohne Empathie in zwischenmenschlichen Beziehungen, jedoch begehrt ausserhalb persönlicher Bindungen und bewundert als fähige politische, gesellschaftliche und wirtschaftliche Führungspersonen oder modische und künstlerische Trendsetter.

Doch wir alle kennen dieses Spiel der Selbstverliebtheit auch, dieses Begehren nach uns selber: Wir produzieren Selfies, sehen uns in den Zoom-Meetings beim Reden zu, wir erschrecken, wenn über dem Waschbecken kein Spiegel hängt für unseren unermüdlichen Kontrollblick auf uns selber. Wir achten alle darauf, wie wir gesehen werden und wie wir gesehen werden wollen, und wir unterlassen keine Gelegenheit, das Gegenüber, das in die Fänge eines männlichen oder weiblichen Narzissten geraten ist, als Opfer zu bezeichnen.

Der deutsche Historiker Eduard Fuchs rollt in Band 3 seiner illustrierten Sittengeschichte die Epoche des Absolutismus in Frankreich auf, er nennt sie ›Die galante Zeit‹ – also die Zeit unter Ludwig XIII bis zur Französischen Revolution und der Hinrichtung von Ludwig XVI. Diese Zeit dürfen wir guten Gewissens als eine narzisstische bezeichnen. Fuchs schreibt über die damals bevorzugten Prunkbauten: »Weit sind die Hallen, unermesslich die Säle und Galerien. Alle Wände sind von der Decke bis zum Fussboden Kristall und blenden mit ihren Spiegelreihen. Die Repräsentation, die Pose fordert den Spiegel.«

Nun, viele der bislang erwähnten Attribute eines Narzissten mögen mehr oder weniger zutreffen. Aus den Zusammenhängen ihrer Entstehung gerissen, dienen sie jedoch nur unserem Bedürfnis nach Spaltung, das heisst nach Ein- und Ausschluss anderer aus Gruppen und Beziehungen, nach Einordnung der Dinge, Ereignisse und Menschen in Gut und Böse. Letzteres vor allem auch, um uns selber in der Unschuld zu verorten. Doch handelt es sich tatsächlich um eine Erkenntnis oder nicht vielmehr um eine Stigmatisierung? Geht es nicht eher darum, sich dem gemeinsamen Urteil anzuschliessen, dem Chor, der den Narzissten als den Sündenbock kennzeichnet, der für all die Leiden unter seiner Ägide verantwortlich ist? Und ihn dann mit Ausschluss zu bestrafen?

Und was ist mit denjenigen, die wir als Narzissten bezeichnen und trotzdem zu Staatsoberhäuptern, zu Volksvertretern und Volksvertreterinnen wählen? Befinden wir sie dennoch für gut genug, um über uns zu bestimmen, um ihnen zu vertrauen, dass sie die Geschicke unseres Landes gut lenken? Wir geben einen Teil unserer Eigenmächtigkeit an sie ab in der Hoffnung, dass sie für unser Wohl sorgen und uns beschützen. Und was ist mit den Schauspielern, Influencerinnen, Reichen und Prominenten, die wir bewundern, ja gar beneiden? Und denen viele von uns nacheifern, um auch dorthin zu gelangen, wo sie sind?

Eduard Fuchs meint im Zusammenhang mit der Zeit des Absolutismus: »Die historische Situation gebiert die fürstliche Selbstherrlichkeit, genau wie sie sie korrigiert, und nicht die Person formt das Schema ihrer Zeit.« Zur Illustration dieser Aussage erwähnt er die finanziellen Ausgaben von Marie Antoinette, der Ehefrau von Ludwig XVI, für ihre engsten Freundinnen und kommentiert, es sei sehr rentabel gewesen, zu den direkten Freund:innen der Herrscherfamilie zu zählen. »Die Königstreue war darum häufig nur der unverhüllte Ausfluss der Furcht, von der wohlgefüllten Staatskrippe wieder vertrieben zu werden.« Es scheinen also beide Seiten einander zu bedingen: Der König und die Königin brauchten ihre Entourage, um ihre Macht zu erhalten, genauso wie der Hofstaat den König und die Königin. Oder übertragen auf andere historische Verhältnisse: Die Inhaber:innen der Macht brauchen die Untergebenen, ohne die sie ihre Rolle nicht spielen und nicht finanzieren können, und die Untergebenen brauchen die Machthaber:innen, um an ihrer Futterkrippe teilhaben zu dürfen. Dafür haben sie diese gross gemacht.

Der Schweizer Psychoanalytiker und Ethnologe Mario Erdheim zitiert in seinem Buch *Die gesellschaftliche Produktion von Unbewusstheit* den spanischen Missionar und Ethnologen Bernardino de Sahagún (1499 oder 1500 bis 1590), der über den damaligen Herrscher der Azteken Motecuhzoma berichtet: »Auch etliche Kriegssklaven liessen zu der Zeit ihr Leben, sagt man. Denn durch sie (d.h. durch ihren Opfertod) nahm Motecuhzoma zu an Kraft, durch sie eignete er sich Geistesstärke an, durch sie brachte er es zu etwas, durch sie wurde er fähig, seine Pflichten zu erfüllen. Wie es heisst, machte er sich auf diese Weise wieder jung, auf dass er zu hohen Jahren käme; durch sie erntete er Ruhm, wurde er mächtig wie ein Raubtier, so dass er Schrecken erregte.« Wir sehen hier, wie sich der uneingeschränkte Besitz der Macht, die narzisstische Allmacht des einen aus der Ohnmacht, ja gar dem Tod des anderen generiert.

Es ist mir ein Anliegen, mit diesem Buch die Ursachen und die Funktion des Phänomens aufzudecken, das wir im heutigen Alltag als Narzissmus bezeichnen. Ebenso versuche ich, das Verhalten der Menschen, die wir mit diesem Attribut belegen, näher zu ergründen. Es geht mir keinesfalls um eine Rechtfertigung oder gar Entschuldigung von narzisstischem Verhalten – jeder Mensch hat die Verantwortung für sein Handeln und Denken sich selber und seinen Mitmenschen gegenüber zu übernehmen. Vielmehr strebe ich an, den individuellen und gesellschaftlichen Verhältnissen auf die Spur zu kommen, die solche Menschen wie auch das Begehren nach ihnen hervorbringen, um nicht zuletzt das Gleichgewicht der Mächteverhältnisse und die Strukturierung in Allmacht und Ohnmacht nicht zu gefährden.

## *Narziss bei Ovid*

Beginnen wir mit den *Metamorphosen* des römischen Dichters Ovid. Er schrieb sie zu Beginn unserer Zeitrechnung, um Christi Geburt herum. In den Versen 340 bis 510 des dritten Buches erzählt er ausführlich die Geschichte des Narziss vom Moment seiner Zeugung über seine Geburt bis hin zu seinem Tod. Nicht ausser Acht lassen dürfen wir vor allem den wichtigen Vers 448, in dem die Mutter den Seher Tiresias fragt, ob ihrem Sohn Narziss ein langes Leben und reifes Alter beschieden sei, und dieser antwortet: »Wenn er sich nicht selbst kennenlernt« (Vers 448). Und, um es vorwegzunehmen: Narziss hat sich selber kennengelernt und ist darob gestorben.

Die meisten Interpretationen, von Sigmund Freud bis heute, betonen die Selbstliebe des Narziss und seine Unfähigkeit, andere zu lieben. Im Laufe der Jahrhunderte wandelte sich zudem der einfache Spiegel im Wasser des Teiches in einen markanten Vergrösserungsspiegel. Das ist insofern interessant, als Wasser nicht vergrössert spiegeln kann; es wäre eine eigene Untersuchung wert, zu welchem Zeitpunkt und aus welchen Gründen der Spiegel zu einem Vergrösserungsglas wurde.

Wir tun dem Mythos aber Unrecht, wenn wir uns auf den Aspekt der Selbstliebe beschränken. Jahrzehnte vor Ovid ist uns von dem griechischen Dichter Parthenios von Nikaia, der 73 v.Chr. als Kriegsgefangener nach Rom kam, eine Narziss-Erzählung überliefert, die aufzeigt, dass sich der junge Narziss dem Dasein als Geliebter erwachsener Männer – eine nicht unübliche Praxis im alten Athen – verweigert hat. Und dass auch er – wie es in der Adoleszenz durchaus üblich ist – seine eigene Schönheit entdeckte und dann an der Unmöglichkeit, sein Begehren nach einem anderen Menschen erfüllen zu können – »nirgends ist, was du begehrst« –, zugrunde ging.

Ovid überlieferte uns eine Rezeption, die bis heute Bestand hat: Die Selbstliebe und die Unerreichbarkeit dieses Du/Ich stehen im Zentrum und führen letztlich zum Tod von Narziss. Nicht ausser Acht lassen darf man dabei die Interpretation der Nymphe Echo, die für das Verständnis dieses Mythos wichtig ist. Sie ist das weibliche Pendant des Narziss: Hätten sich die beiden vereinigt, dann wären sie nicht gestorben. Davon mehr in einem späteren Kapitel.

Ich vernachlässige weitere griechische Quellen und beschränke mich der Einfachheit halber auf die Werke von Ovid und Parthenios, die ich miteinander verbinden werde. In meiner Interpretation wird der Tod als ein möglicher Ausweg aus dem Dilemma des Narziss betrachtet, dem Dilemma nämlich, allein und eingeschlossen zu sein mit sich und seinem Spiegelbild. Die Wege hinaus sind versperrt, denn dort lauern die unersättlichen Nymphen, die Narziss bedrängen, und die abgewiesenen Männer und Frauen, die sich rächen wollen. Narziss bleibt, der Zurückweisungen wegen, allein mit seinen Schuldgefühlen zurück.

[403–406] So hatte Narziss diese (die Nymphe Echo, Anm. J.F.) enttäuscht, so auch andere Wasser- und Bergnymphen, so vorher den Umgang mit Männern gemieden. Daher hatte einer von ihnen, der verschmäht worden war, die Hände zum Äther erhoben und gesagt: »So soll es auch ihm in der Liebe ergehen, so soll auch er, was er liebt, nicht bekommen.« Sprach's, und Rhamnusia gewährte die gerechte Bitte.

Der Verschmähte ruft die Göttin des Zorns zu Hilfe, um sich an Narziss zu rächen und ihm das gleiche Schicksal wie seines zu bescheren, nämlich verschmäht und abgewiesen zu werden. Die Göttin willigt ein.

Ausgehend vom Jüngling Narziss der griechischen wie auch der lateinischen Version, analysiere ich die Schuldigkeit, in die Narziss getrieben wird: nämlich die Pflicht, die Erwartungen der ihn Begehrenden selbstlos zu erfüllen. Und da er diesen Ansprüchen nicht nachkommt, muss er büssen. Die Strafe, keinen Menschen für das eigene Begehren zu finden, ist in ihrer Grausamkeit unübertroffen. Für Narziss bedeutet sie, dass er in sich selber eingeschlossen bleibt.

Weil das Leben für die meisten Menschen einen Gefährten oder eine Gefährtin bereithält – zumal für so schöne junge Männer wie Narziss –, war es von den antiken Autoren äusserst feinsinnig und geistreich, das Spiegelbild heranzuziehen, um die Härte und Ausweglosigkeit dieser Strafe zu verdeutlichen. Narziss wird auch von seinem Spiegelbild begehrt, und dennoch können die beiden sich nicht berühren und küssen, nicht zueinander kommen. Dieser Einschluss in eine Schuldigkeit, in das Dilemma, entweder das Begehren, die Wünsche, Bedürfnisse und Erwartungen der anderen zu befriedigen oder aber allein mit sich gefangen zu sein, vermag ein Herz zu brechen. Um nicht, wie Narziss, im eigenen Feuer zu verbrennen, nicht an Verzweiflung zu sterben, gibt es Möglichkeiten, die dieses Dilemma erträglich und das Leben lebenswert machen können. Auch davon handelt dieses Buch.

Und, um es vorwegzunehmen, all die möglichen Auswege für Narzisse, die ich in der Folge beschreiben werde und die wir auch Überlebensstrategien nennen können, werden heute entweder mit einem Stigma belegt oder aber als erstrebenswerte Verhaltensweisen gesehen.

### *Raum für das Ich und das Du*

Doch zuerst zu den verschiedenen Formen von Beziehungen, deren Kenntnis eine Voraussetzung bildet, um die möglichen Auswege des Narziss aus seinem Dilemma verstehen und vergleichen zu können.

Eine Bindungsform, die nicht auf Unrecht, Herrschaft, Abhängigkeit und Unterdrückung, nicht auf Ausbeutung und Betrug beruht – sei es auf individueller oder auch auf gesellschaftlicher Ebene – ist die intersubjektive Beziehung. Charakteristisch für sie ist, dass die Menschen sich in ihrer Andersartigkeit anerkennen: Der eine Mensch anerkennt, dass die anderen Personen anders sind als er oder sie, er anerkennt sie als Nicht-Ich.

Oftmals verstehen wir unter einer Beziehung aber genau das Gegenteil: Dass wir uns so ähnlich wie möglich sein sollten, gleich oder zumindest gleichartig denken und uns für dasselbe interessieren sollten, um stabile Beziehungen oder stabile Gemeinschaften bilden zu können. Da und dort darf es durchaus gewisse Unterschiede geben, nicht zuletzt, um belebende und anregende Auseinandersetzungen zu gewährleisten. Das Bedürfnis nach den und dem

»Gleichen« ist jedoch prädestiniert, Spaltungen hervorzurufen. Unversehens unterteilt man Menschen und Denkweisen in richtig und falsch, in Gut und Böse und tendiert eventuell sogar dazu, all jene, die sich dem »Gleichen« nicht anpassen wollen, mit Ausschluss zu bestrafen.

Die intersubjektive Bindung hat nichts mit Toleranz und Liebe zu tun. Sie ist vielmehr eine grundlegende Voraussetzung, um Ich sein zu können; sie ist vonnöten, damit sich das Ich überhaupt bilden kann. Denn das Ich konstituiert sich in der Beziehung mit einem Gegenüber, einem Du. Ich ist immer relational, das heisst, es ist das Subjekt einer Bindung, ein Teil einer Beziehung: Ohne Du kein Ich und umgekehrt. Davon erzählt uns auch der Mythos des Narziss so eindrücklich: Im Spiegelbild hat er als Gegenüber weder ein Ich noch ein Du: »Was du siehst, ist nur Schatten, nur Spiegelbild. Es hat kein eigenes Wesen«, heisst es bei Ovid (ab Vers 435). Eine solche Situation vernichtet ein Ich, sie ist, wie für Narziss, ein Gefängnis, in dem das Ich sterben wird.

Wir sind also von einem Gegenüber abhängig, um Ich sein zu können, von all diesen Du, die ausserhalb von Ich sind. Die beiden beteiligten Menschen – um die kleinstmögliche Einheit von Bindung zu nennen – bilden idealerweise zusammen einen intersubjektiven Raum, also neben dem Ich und dem Du einen »dritten« Raum, in dem dann Auseinandersetzung, Konflikt, Konsens und Begehren möglich ist. In einem intersubjektiven Raum finden wir keine symbiotischen Verschmelzungen, denn das hiesse, die Differenz aufzulösen, die zwischen zwei Menschen stets herrscht; es würde bedeuten, aus zwei Menschen, dem Ich und Du, einen zu machen. Damit würde der kreative intersubjektive Raum zerstört, den wir benötigen, um uns als Ich entwickeln zu können.

Viele Paarbeziehungen basieren auf einem mehr oder weniger symbiotischen Prinzip. Die beiden Partner:innen verschmelzen zu einer Einheit, essen dasselbe, gehen gleichzeitig zu Bett, gehen zusammen aus, zusammen in die Ferien; im Gleichschritt, im Pas de deux, fühlen sie sich sicher und aufgehoben. Symbiotische Beziehungen sind jedoch fragil und anfällig für Manipulation und Unterwerfung und damit auch anfällig für psychische und physische Krankheiten.

In der intersubjektiven Bindung ist das Einzige, was die zwei Menschen verbindet, die gegenseitige Anerkennung ihrer Differenz. Diese gegenseitige Anerkennung ist auch die Voraussetzung dafür, was wir als »Freiheit« bezeichnen können. Die Grundlage dieser Freiheit ist genau diese Intersubjektivität, denn sie schützt die Menschen vor Übergriffen – ob nun gesellschaftlicher, politischer oder individueller Natur –, wahrt die persönliche Integrität jedes Menschen und ermöglicht ihm/ihr eine kreative und eigenmächtige Ausdehnung des Ich in der Beziehung und in der Gesellschaft. Diese Form der Anerkennung des/der anderen schliesst auch mit ein, dass sich ein Ich nicht über das andere Ich erheben kann, denn wenn ich mich vom anderen unterscheide und die Unterschiedlichkeit des/der anderen anerkenne, wird gleichzeitig mein Ich relativiert, und das wiederum bedeutet Freiheit. Das Vertrauen in Beziehungen, die von der Einsicht geprägt sind, dass das Ich vom Du abhängig ist, verhindert narzisstische Ausuferungen und damit die Etablierung von Machtdiskursen. Die Anerkennung der Differenz des anderen hat nichts mit Gleichmacherei zu tun, im Gegenteil: Sie kann gelebt werden, ohne dass zwischen den Menschen Hierarchien und Gefälle eingerichtet werden, ohne Ungerechtigkeiten, Unterdrückung und Gewalt. Das ist es, was Freiheit ausmacht: Auf die Eigenverantwortung eines jeden und einer jeden zählen zu können.

Von einer interessanten saisonalen Variante bei den Inuit berichten der amerikanische Anthropologe David Graeber und der britische Archäologe David Wengrow in ihrem Buch *Anfänge*, das 2021 erschienen ist: »Im Sommer teilten sich die Inuit in Gruppen von zwanzig bis dreissig Personen auf, fingen Süsswasserfische und jagten Karibus und Rentiere, alles unter der Führung eines einzelnen männlichen Führers. In dieser Zeit wachten sie eifersüchtig über ihre Habseligkeiten, und das Familienoberhaupt übte eine starke, manchmal sogar tyrannische Macht über seine Angehörigen aus. (...) In den langen Wintermonaten jedoch, wenn die Herden der Seehunde und Walrösser an arktische Küsten kamen, fand eine dramatische Kehrtwendung statt. Dann konzentrierten sich viele Inuit an einem Ort und bauten grosse Versammlungshäuser aus Holz, Walrippen und Stein. In diesen Häusern herrschten Gleichheit, Altruismus und Gemeinschaftsleben. Der Besitz wurde geteilt, und Männer und Frauen frönten unter der Ägide von Sedna, der Göttin der Seehunde, dem Partnertausch.«

Die Inuit kennen also die Möglichkeit, saisonal, angepasst an den sommerlichen Mangel beziehungsweise die winterliche Fülle von Nahrung, ihre gesellschaftlichen und politischen Strukturen zu verändern, von einer streng hierarchischen und kontrollierenden Führungsstrategie in eine eher anarchistische Gesellschaftsform zu wechseln, in der die Anerkennung der Differenz und damit das Wohlbefinden der Gemeinschaft im Vordergrund steht. Diese Eigenschaft vermag uns eine Idee davon zu geben, dass zwingende Notwendigkeiten aus wirtschaftlichen Gründen und lustvolles Geniessen ohne jeglichen Destruktionsfaktor möglich sind: Es gibt eine Saison, in der einem männlichen Führer Gehorsam geschuldet wird, und eine Saison ohne Führung, in der die Gruppe sich selbst regulierend durch den langen Winter geht.

Die grösstmögliche Freiheit besteht darin, auf die Eigenverantwortung aller Menschen vertrauen und zählen zu können, denn wenn ich mir selbst gegenüber verantwortlich handle, werde ich auch fürsorglich und wertschätzend mein Gegenüber achten. Diesen unbedingten Respekt braucht es vor allem auch, weil wir alle voneinander abhängig sind, um unser jeweiliges Ich zu bilden. Das macht uns frei von symbiotisch-manipulativen, »klebrigen« Bindungen, die uns viel Kraft kosten und uns in kontrollierende Strukturen einschliessen, sodass wir mit dieser Last beschäftigt sind anstatt mit der freien Gestaltung unseres Lebens in intersubjektiven Beziehungen, die in ihrer Heterogenität stabil und dementsprechend verlässlich sind.

## *Die narzisstische Bindungsform*

Ganz anders sieht es in einer narzisstischen Bindung aus. In solchen Beziehungsmustern wird kein dritter Raum gebildet, in dem ein Kind, ein Mensch, seine eigenen Fähigkeiten, Bedürfnisse und Wünsche erkunden, erfahren und gestalten kann. Statt ein Du zu haben, das ihm diese Freiheit gibt, wird es zurückgeworfen auf sein Ich und bleibt mit sich allein, obwohl die Eltern als seine primären Bezugspersonen anwesend sind. Dieses Kind wird die Ausdehnung, das Wachstum und die Entwicklung seines Ich schwerlich erfahren können, denn dafür bräuchte es Eltern, die es in seinem So-und-nicht-anders-sein wahr- und ernstnehmen würden, Eltern, die in der Lage sind, zusammen mit ihrem Kind einen dritten Raum zu bilden. In diesem Raum könnte sich das Kind entfalten und sein Ich in all seinen Facetten ausprobieren.

Wenn jedoch allein die Bedürfnisse, Wünsche und Erwartungen der Eltern die Beziehung zu ihrem Kind bestimmen, wenn es dazu gedrängt, ja gezwungen wird, deren Wünsche und Erwartungen zu erfüllen, möglicherweise gar deren Schuldgefühle zu beruhigen oder Verantwortung für sie zu übernehmen, dann ist das die Geburt des Narziss, der in der Wiege narzisstischer Eltern aufwachsen wird. Dieses Kind wird Wege suchen, die Begehren seiner Eltern zu befriedigen, um nicht – wie Narziss – mit Ausschluss bestraft zu werden.

Sowohl in der griechischen als auch in der lateinischen Überlieferung des Mythos wird Narziss wegen seiner Schönheit und vor allem seiner Jugendlichkeit von allen begehrt: »[...] und sogar Nymphen waren in mich verliebt«

(Ovid, Vers 456). Er weist sie jedoch allesamt zurück. Der Mythos berichtet sogar von Suiziden: Abgewiesene brachten sich um, allen voran die Nymphe Echo, die einst von der eifersüchtigen Göttin Hera bestraft und der eigenen Sprache beraubt wurde, sodass sie nur die letzten Worte anderer zu wiederholen vermochte. Auch Echo stirbt im Feuer ihres unerwiderten Begehrens, übrig bleibt nurmehr ein körperloser Schall.

Eingeschlossen in diese Raumlosigkeit, eingeschlossen in die bedrängenden Wünsche und Bedürfnisse der anderen und in die Schuld, sie nicht zu befriedigen, wird Narziss die Möglichkeit genommen, seinem eigenen Begehren und seinen eigenen Wünschen einen Raum, eine eigene Ausdehnung und ein eigenes Ziel zu geben. Er bleibt sein eigenes Gegenüber, er bleibt der von sich selber Begehrte und sich Begehrende – er bleibt einsam. Das ist seine Strafe.

Im Gegensatz zu einer intersubjektiven Beziehung ist die narzisstische Bindung einengend, bedrängend; sie nimmt dem Subjekt die Luft und stürzt es in ein Dilemma, in eine Ausweglosigkeit, die Ängste hervorruft. Es gibt keinen Beziehungsraum, in dem das Ich sich ausprobieren, sich entwickeln kann. Umlauert von begehrenden Nymphen, von Männern und Frauen, die sich auch noch umbringen, wenn sie nicht erhört werden, spürt sich das kleine Ich vernichtet, weil seine eigenen Wünsche und Bedürfnisse nicht wahrgenommen werden, mit anderen Worten: seine Eigenheit.

Dazu eine kleine Fallvignette aus meiner Praxis: Das siebenjährige Kind einer narzisstischen Mutter muss in der Schule einen Aufsatz schreiben. In den vier Sätzen fehlt einfach das Wörtchen »Ich«, was die Lehrerin als Fehler rot markiert. Dieses Kind hat bereits gelernt, sein Ich wegzulassen. Es hat gelernt, dass dieses Verhalten besser ist, als sein Ich von begierigen Nymphen schnappen zu lassen.

Schon der kleine Narziss in der Wiege, der in eine narzisstische Beziehungsstruktur hineingeboren wurde, eignet sich unbewusst dieses und jenes Verhalten an, probiert diese und jene Rolle aus, um wahrgenommen zu werden und zu Bedeutung zu gelangen. Im Erwachsenenalter wird ihm diese Eigenschaft als Sucht nach Aufmerksamkeit und Anerkennung vorgeworfen werden, als Egomanie. Und er wird infolge seiner frühkindlichen Erfahrungen versuchen, Beziehungen zu umgehen und überflüssig zu machen, denn Bindung heisst für ihn, nicht gesehen und nicht wahrgenommen zu werden. Ein solcher Mensch wird Wege finden, um Aufmerksamkeit und Anerkennung zu erlangen, zum Beispiel mit unterschiedlichen Rollenspielen, die im Wissen darum gewählt werden, dass sie Gefallen finden. Doch riskiert er damit, nur in den jeweiligen Rollen Anerkennung zu gewinnen und nicht als Ich. Dieses Bemühen kommt einer Vernichtung des eigenen Ich gleich; dementsprechend erfahren die Betroffenen eine Beziehung als einen grossen, bis zur Verzweiflung reichenden Schmerz.

Insofern können wir von toxischen, also giftigen Beziehungen reden, und hätte das Kind nicht die Möglichkeit, Wege zu finden, um dieser Not so gut wie möglich auszuweichen, würde es an seiner Verzweiflung sterben, wie es in der griechischen und lateinischen Vorlage der Fall ist. Es sind diese Abwehrmechanismen, die später beim/bei der Erwachsenen als typisch narzisstisch stigmatisiert und verachtet werden. Die Erfahrung, dass da jemand ist, dem es niemand ist, dem sein Ich nichts bedeutet, ist für die Seele eines Kindes viel schlimmer, als wenn da wirklich niemand ist. Denn wenn niemand da ist, kann sich das Kind jemanden halluzinieren, eine Fantasiefigur an die leere Stelle setzen, die später einmal kommen und da sein wird; oder es kann tröstende Verbindungen eingehen mit dem lieben Gott oder mit Tieren.

Um es auf einen kurzen Nenner zu bringen: Das Ich des Kindes wird ein Gefangener der Erwartungen und Wünsche des erwachsenen Ich, es wird darin eingeschlossen und hat so nur noch sich selber als Gegenüber. Dieses Kind kann nun versuchen, die ihm zugewiesene Rolle zu übernehmen und seine eigenen Wünsche in jenen der anderen unterzubringen – das allerdings zum Preis einer beachtlichen Einschränkung seines eigentlich Ich bis hin zu dessen Vernichtung.

Ein Gegenüber, nach dem sich dieses Kind sehnt, ein Du, das ausserhalb dieser Verstrickung ist, bleibt unerreichbar. Eine intersubjektive Beziehung ist unter diesen Bedingungen nicht möglich. Noch bevor Narziss realisiert, dass er sein eigenes Spiegelbild begehrt und sich an einer Strafe abarbeitet, weiss er um seine Sehnsucht und sein Begehren nach diesem Du:

Am Boden liegend, betrachtet er seine Augen – sie gleichen einem Sternenpaar –, das Haar, das eines Bacchus oder eines Apollo würdig wäre, die bartlosen Wangen, den Hals wie aus Elfenbein, die Anmut des Gesichts, die Mischung von Schneeweiss und Rot – und alles bewundert er, was ihn selbst bewundernswert macht (Ovid, Vers 420–425).

## *Warum muss Narziss sterben?*

Das Tragische an der Narziss-Erzählung ist, dass der Protagonist sterben muss. Er stirbt an einem Dilemma, an der Ausweglosigkeit. Seine ganze Libido, seine ganze Lebensenergie, die eigentlich dazu dienen sollte, ihm seinen Platz in der Welt zu sichern und ihm die Möglichkeit zu bieten, sich und die Welt mit zu gestalten – diese Energie richtet sich, mangels eines Ausweges, gegen ihn selbst. Diese Kraft verzehrt ihn: »[...] wie der morgendliche Rauhreif an der warmen Sonne schmilzt, so schwindet er dahin, von Liebe ausgezehrt [...]« (Ovid, Vers 487–489). Dieser Richtungswechsel der Lebensenergie ähnelt den Krankheiten, die wir auf der physischen Ebene Autoimmunerkrankungen nennen: Das Immunsystem greift irrtümlich unsere gesunden Zellen an, beschädigt körpereigenes Gewebe oder zerstört es ganz. Narziss, in der Vollblüte seiner Jugend, in der jungen Menschen die Welt offensteht, eine Welt, in der sie sich frei ausprobieren, Eroberungen machen, ihrer Neugier nachgehen können – wozu es ihre Libido braucht –, all diese Wege sind für Narziss versperrt. Die Welt bleibt ihm verschlossen. So hat seine Libido, also genau die Kraft, die ihm den Schub für die »Eroberung der Welt« verliehe, nur noch sich selber zum Gegenüber und wird ihn dementsprechend verzehren.

Woran genau stirbt denn Narziss? Was ist sein Dilemma? Gäbe es womöglich andere Auswege als den Tod? Auf der einen Seite wird seiner jugendlichen Libido der Weg von den begehrenden erwachsenen Männern, Frauen und Nymphen versperrt. Angesichts dieser Bedrängung, die einer Belagerung gleicht, erhalten seine eigenen Wünsche und Bedürfnisse, sein eigenes Begehren keinen Raum, um sich frei zu entfalten und verwirklicht zu werden. Und weil er all diesen Erwartungen nicht entspricht, wird er bestraft: Falls er selbst ein Subjekt begehren sollte, wird sein Begehren niemals erwidert werden. Er bleibt sich also selbst das Ziel und wird daher von seinem eigenen inneren Feuer verzehrt werden. So wird auch die Welt für Narziss unerreichbar, beängstigend, gar bedrohlich. Bedroht von der Belagerung, den Erwartungen und Wünschen, dem stetigen Lauern der anderen, auch in Angst vor der Strafe wegen ihrer Verweigerung, werden andere Narzisse Wege suchen, um trotzdem weiterzuleben. Sie werden versuchen, sich einen Platz in der Welt einzurichten, und sich in der Anpassung einnisten. In diesem Sinne müssen wir vom antiken Narziss als von einem Rebellen sprechen, von einem, der eher den Tod in Kauf nahm, als sich mit Echo zu vermählen: »Hände weg, lass die Umarmungen! Eher will ich sterben als dir gehören« (Ovid, Vers 390 und 391).

Vor vielen Jahren habe ich die Fallvignette eines Freudschen Psychoanalytikers gelesen, dessen Namen ich vergessen habe. Seine Analyse ist jedoch sehr erhellend für das, was Narziss passiert. Er berichtete von einem Analysanden, der Pilot war. Einmal ärgerte sich dieser fast die ganze Analysestunde lang über eine Torte, die er von seiner Mutter zum Geburtstag geschenkt bekommen hatte. Er beanstandete, dass sie beim »falschen« Konditor gekauft worden sei. Der Analytiker, erstaunt ob dieses Ausmasses an Ärger, merkte an, dass hier wohl noch andere Gründe mitspielen würden. Es stellte sich heraus, dass die Mutter ihren Sohn mit dieser Torte am Flughafen überrascht hatte. Angesichts so viel Aufwands und mütterlicher Güte konnte er seinem Ärger, dass damit seinen eigenen Wünschen der Mund gestopft wurde, nur noch Ausdruck geben, indem er seine Wut auf den Konditor lenkte. Der Pilot erstickte weder an der Torte noch an seiner Wut über die Mutter, er behalf sich mit dem Konditor.

## Die Wut des Narziss

Diese Wut ist ein weiteres Element des Dilemmas von Narziss – seine Wut darüber, dass ihn alle begehren und ihm so die Luft nehmen, um seine eigenen Wünsche zu erkennen und zu verwirklichen. Narziss bemühte keinen Konditor und auch sonst niemanden als Ventil, dieser Ausweg würde wohl die Dramatik des Mythos schmälern.

Üblicherweise hat die Aggression einen Adressaten oder eine Adressatin, und erst wenn dieser/diese aus irgendwelchen Gründen nicht damit konfrontiert werden kann oder darf, richtet sie sich gegen einen Konditor oder sonst wen. Die Wut sucht sich einen Weg aus uns heraus, auch wenn sie die Falschen trifft. Findet sie aber keinen Ausweg, richtet sie sich gegen uns selbst. Die menschliche Psyche ist sehr gut darauf eingerichtet, sich mit Hilfe der Wut – der Aggression, die im Dienste des Ich steht und keinerlei destruktive Absichten hat – vom Missmut, in Freuds Terminologie von der »Unlust« zu befreien, um wieder Lust zu gewinnen. So befreit sich der Pilot mit Hilfe seiner Wut auf den Konditor aus dem erstickenden Honigtopf und verschafft sich wieder Luft. Nur im äussersten Notfall schlägt die Wut den Weg in Richtung eigenes Ich ein. So ist etwa das Begehren von Narziss kontaminiert mit seiner Wut, die eigentlich gegen diejenigen gerichtet werden müsste, die ihn begehren und dabei übergriffig werden. Seine Wut müsste sich auch gegen die Strafe richten, die die anderen ihm wegen seiner Verweigerung auferlegen. Diese anderen – in der Regel nahestehende Menschen – möglichst zu schonen, ist jedoch eine Eigenschaft, ein Verhalten, das alle Narzisse kennen und das sie einsam und ängstlich macht. Sie haben Angst vor der eigenen Aggression, die ihre eigentliche und angemessene Richtung im Flug wechselt und gegen sich selbst zurückprallt – ähnlich einem Bumerang.

Übersetzt in die Gegenwart, wären diese anderen die Eltern und weitere Personen in der Umgebung, zum Beispiel Lehrer:innen, welche die Macht haben, über Kinder zu bestimmen. So wie der Pilot die Mutter mit seiner Wut verschont, so schützt auch Narziss die Nymphen und andere, die ihn begehren, vor seinem Zorn. Menschen, die einem nahestehen, zu beschuldigen, ist sehr schwer, und sind es auch noch Mütter, wie in unserem Fall die Mutter des Piloten, wird es geradezu unmöglich. Es kommt diesem Piloten nicht einmal in den Sinn, denn Mütter meinen es doch nur gut, und sie sind deswegen über jeden Verdacht erhaben. Die Mutterliebe wird oft nicht hinterfragt, nicht als – vielleicht könnte man sagen globale – Ideologie entlarvt. Vielmehr wird all das Gewalttätige, das unter dieser Prämisse geschieht, reingewaschen.

### Das abwesende Du

Ein weiterer wesentlicher Faktor, der das Narziss-Dilemma besiegelt, ist die Abwesenheit eines Gegenübers, das dem Knaben und Jugendlichen Narziss einen Ausweg böte. Ein Du, das ihn befreien würde aus den Klauen der Begierden der anderen, der Strafe und damit aus den Klauen seiner selbst: »Könnte ich mich doch von meinem Körper lösen!« (Ovid, Vers 467). Ein Du, das ihn als einen eigenständigen Menschen wahr- und ernst nimmt. Ein Du, das ihm eine intersubjektive Bindung anbietet. Ein Vater zum Beispiel, der den Piloten als Kind nach seinen Wünschen gefragt hätte. So würde sich ein Weg weg von der Mutter, die das Kind bedrängt, ein Weg weg von der Fixierung auf sein Selbstbild öffnen. So könnte Narziss sein Begehren unbeschwert auf andere Subjekte richten und müsste sich nicht allmählich vom inneren Feuer verzehren lassen.

»Könnte ich mich doch von meinem Körper lösen!« Diesen Hilferuf des Narziss ernst zu nehmen, würde bedeuten, unser verzerrtes und einseitiges Bild eines Narzissten zu revidieren, nicht indem wir ihn freisprechen von der Verantwortung für sein Handeln und Verhalten, sondern indem wir deren Ursachen besser verstehen. So wären wir auch in der Lage, unsere eigenen narzisstischen Seiten besser reflektieren und dementsprechend besser regulieren zu können. Und wir könnten auch darüber nachdenken, inwieweit unsere eigenen Beziehungsstrukturen von diesem Narrativ durchtränkt sind.

Wir alle haben Sehnsucht nach einem Du, das uns ermöglicht, einen intersubjektiven Raum für Beziehungen zu schaffen. Dass wir diese Sehnsucht haben, zeugt von einem Mangel an Menschen – die meisten von uns mit eingerechnet –, die über diese Fähigkeit verfügen. Der Wunsch des Narziss, aus den Klauen seines Ich gerettet zu werden, gibt uns einen Einblick in seine inneren Nöte: Seine Gefangenschaft im eigenen Ich mit dem einzigen Ausweg, dem Begehren der anderen nachzugeben, ist zum Verzweifeln schmerzhaft. Dass er nicht aus sich heraus kann, ist so qualvoll, dass Narziss letztlich daran stirbt. Die heutigen Narzisse finden meist Wege, um diesem Dilemma zu entgehen, ohne dass es damit behoben wäre. Sie versuchen, von sich wegzugehen, und werden sich so selbst immer fremder. Und sie tun das, um die zur Bedrohung gewordene Welt und sich selber darin aushalten zu können.

## Das Ringen um Anerkennung

Diese schreckliche Ausweglosigkeit, in der die Lebensenergie sich nur gegen sich selbst richten kann, geht also auf die Erfahrung zurück, dass das Ich nicht als eigenständig anerkannt wird, dass ihm kein Raum gegeben wird, um als Ich zu wachsen und sich auszudehnen. Ohne diese Erfahrung wird es eng für dieses Ich, narzisstisch eng. So leuchtet es ein, wenn der erwachsene Narziss ständig um diese ausgebliebene Anerkennung ringen, sich aber gerade wegen dieses Eifers unbeliebt machen wird. Er versucht, die erfahrene Bedeutungslosigkeit wettzumachen, nachdem er zuvor erfolglos versucht hat, sich in seinem Spiegelbild zu finden. Denn auch dort ist er nicht fündig geworden, wie der Mythos zu berichten weiss. Er erreicht sein Ich nicht, es entschwindet ihm, je näher er seinem Spiegelbild kommt. Denn Ich ist nur über ein reales Du zu erfahren, und in einem Raum, der keine Sperren kennt, schon gar nicht solche, die aus Rache und Neid errichtet wurden.

Diese Gesetzmässigkeiten haben Ovid und seine Vorgänger wunderbar beobachtet und beschrieben, ebenso die menschlichen Bedürfnisse und Gefühle. Sie offenbaren uns, dass wir Menschen unsere Entwicklung und Individualität nicht allein in der Hand haben. Dass wir nicht lebensfähig sind, wenn wir unser Ich und das Du in unserem eigenen Spiegelbild suchen, und dass wir, wenn wir das tun, in uns gefangen und einsam bleiben werden. Dass wir nur ein eigenständiges Ich werden können, wenn der Weg für die eigenen Wünsche und Bedürfnisse offensteht, und zwar immer. Und dass er auch nicht versperrt wird mit verführerischen Angeboten jeglicher Art, denn sonst bleibt uns die Torte im Hals stecken und verlieren wir nur unsere wahren Bedürfnisse und Wünsche aus den Augen.

Der einzige Ausweg, der zugleich auch das Dilemma in Luft auflöst, statt es mit Strategien abzuwehren, ist die Erkenntnis, dass Ichwerdung nur in einer intersubjektiven Bindung möglich wird, im Wahrgenommen- und Anerkanntwerden des Ich, in der Differenz zu einem Du. Das Du ist unentbehrlich für das Ich. Die Gewissheit, dass wir grundsätzlich und existenziell von einem Gegenüber abhängig sind, mag uns helfen, unseren Mitmenschen dementsprechend zu begegnen. Ich vermute, dass uns das christliche Gebot »Liebe deinen Nächsten wie dich selbst« genau das nahelegt.

Ohne diese Voraussetzung wird es eng in und um uns, so wie es Narziss unerträglich eng wurde, und wenn wir aus dieser Enge hinausblicken, verstehen wir die Welt als Bedrängnis und Bedrohung: Alles Lebendige wird bedrohlich und gefährlich, und wir können nur mehr schwer zwischen realer Gefahr und Bedrohung unterscheiden. Die narzisstischen Abwehrstrategien bewegen sich vornehmlich in diesen Grenzen, wobei es sich stets um Versuche handelt, dieser Enge zu entfliehen. Es gleicht einem Lauf im Hamsterrad und ist so ergebnislos wie der Versuch, die

Welt und die Mitmenschen unter Kontrolle zu bringen, nur um sie weniger bedrohlich zu machen. Der narzisstische Drang, die Mitmenschen und die Welt unter Kontrolle zu bringen, bildet sich gerade deshalb, weil diesen Menschen die ihnen angeborene Wehrhaftigkeit abhandengekommen ist. Narziss kennt in seiner Lage keine Ausdehnung des Ich, keine Berechtigung auf Ichsein und schon gar keine Berechtigung, sich für sein Ich zu wehren und einzusetzen. So können wir behaupten: Mangelt es an Anerkennung, mangelt es auch an der Berechtigung, Ich zu sein. Narziss stirbt.

### *Der Gefahr ausweichen*

Abwehrstrategien können Narziss helfen, die Bedrohungsgefühle zu beruhigen, ihn aus der Enge zu holen und die Selbstverbrennung der Libido zu vermeiden. In diesem Kapitel werde ich diese Strategien erläutern und auf ihre Vor- und Nachteile hin prüfen.

Doch vorweg die Haltung Sigmund Freuds: Er würdigte diese Abwehrmechanismen als eine hohe Leistung des Ich, da sie dem Individuum eine Zukunft sichern und das Dasein erträglicher machen. Im Gegensatz zu anderen Therapiearten, die Abwehrstrategien als überflüssig und überholt betrachten und sie daher radikal zu brechen versuchen, würdigt sie die Psychoanalyse als lebenserhaltende Mechanismen, deren Erfindung von Kindern eine beachtliche Kreativität fordert. Im Erwachsenenalter verlieren sie oft ihre Dringlichkeit, da die Individuen nicht mehr in solch ausweglosen Abhängigkeiten leben wie als Kind und daher andere mögliche Auswege aus einem Dilemma zur Verfügung haben. Nicht zuletzt denjenigen, dass sie sich von toxischen Bezugspersonen trennen können, ein Ausweg, der Kindern zumeist verschlossen ist. Denn wohin könnten sie gehen? In unserer kleinfamiliären Ordnung, die Freud zu Recht als Wiege der Neurose bezeichnete, fehlen dem Kind stabile und verlässliche Bezugspersonen ausserhalb dieser einengenden und eingrenzenden Struktur.

Unsere Psyche bildet Abwehrformen aus der Not heraus. Sie sollen es ermöglichen, einer misslichen Lage zu entkommen, einer Situation, in der wir Gewalt jeglicher Art ausgesetzt sind und der wir nicht entfliehen können, wie es etwa für Kinder der Fall ist. Bei Narziss ist diese Gewalt die Ausweglosigkeit, in die er gedrängt wird, das Dilemma, in dem er sich wiederfindet: Entweder geht er auf die Erwartungen der liebeshungrigen Nymphen, Männer und Frauen ein, oder sein eigenes Begehren wird künftig nicht auf Gegenliebe stossen.

Ich gehe davon aus, dass dieser Mythos auch auf frühkindliche Erfahrungen zutrifft, die Übergriffe und Grenzüberschreitungen bei einem jungen Mann jedoch besser vertuscht und ihm als persönliche Schuld angelastet werden können. Auf diese Weise bleibt das Interpretationsfenster eingeschränkt und kommen die verantwortlichen Aggressoren ohne Schuld davon; das Narrativ der Macht, der hierarchischen Ordnungsstrukturen bleibt erhalten.

Dieser Mythos offenbart uns auch die Machtverhältnisse in einer antiken Gesellschaft, in der die Autonomie und Eigenständigkeit eines Individuums den Zorn der Göttin Rhamnusia auf sich ziehen, die eine kastrierende, eine vernichtende Strafe verhängt: Ohne einen selbstgewählten Adressaten seines Begehrens zu finden, stirbt Narziss im

Feuer seiner eigenen Libido. Ohne auf die Anerkennung seines Ich mit seinen eigenen Bedürfnissen zählen zu können, bleibt er in sich selber eingeschlossen. Diese Situation könnte viele verrückt machen, wenn sie ihr nicht entfliehen könnten. Solche Konstellationen sind auch heute noch wirksam.

*Die Gefahren einer Rollenidentität*

Eine Zukunft ohne diese Abwehrmechanismen, ein Leben ausserhalb dieser Enge und Bedrohung könnte es durchaus geben, wenn wir bereit wären, die Machtverhältnisse zugunsten von intersubjektiven, egalitären Beziehungen (und Gesellschaften) zu ändern. Damit würde auch die Gefahr verringert, dass wir uns mit den Abwehrmechanismen identifizieren und vergessen, dass sie nur eine vorübergehende Funktion hatten. Wir sind durchaus in Gefahr, unser ohnehin schon vom Verschwinden bedrohtes Ich, wie jenes von Narziss es war, zu vergessen, weil wir uns in einer Rolle eingerichtet haben, die uns aus der Gefahrenzone hievt und gleichzeitig gesellschaftliche Anerkennung verspricht. Wer will denn schon seine Rolle aufgeben angesichts dieses Versprechens? Selbst wenn es eine »falsche« Rolle ist?

Warum also sollte der Sonnenkönig Ludwig XIV sich nicht mit seiner Rolle identifizieren, wenn er laut Eduard Fuchs in der Kathedrale von Versailles als Einziger den Priester und den Altar sehen durfte und die Sitzordnung so angelegt war, dass alle adligen Höflinge während der Messe ihn anzuschauen, ihn anzubeten hatten? Bescherte ihm das nicht Macht, Ansehen und Beziehungen, die sein verkümmertes Ich verdeckten? Fuchs schreibt unmissverständlich:

»Und Ludwig war, wie wir bereits wissen, ein kompletter Strohkopf, der nicht einmal lesen und schreiben konnte.« Dass Adelstitel vererbbar waren und es immer noch sind, ist angesichts der damit verbundenen Privilegien verständlich. Diese sichern die gesellschaftliche Rolle und damit eine Machtposition. So erhält sich der Machtdiskurs, so erhalten sich die Rollen, die in Demokratien nicht mehr vom Adel oder Klerus tradiert werden, sondern von globalen Unternehmen, Institutionen und Verwaltungen mit ihren Führer:innen. Die Rollen bleiben also dieselben, sie werden einfach anders in Szene gesetzt, mit anderen Kostümen und einem anderen Bühnenbild; die Spiegel von Versailles sind durch Kameras und Teilen im Netz ersetzt worden.

### Die Angst als ständiger Begleiter

Je stärker Ludwig XIV seinem Rollenspiel verfiel und die damit verbundenen Vorteile sicher auch auskostete, desto mehr stieg seine Angst. Angst ist das Synonym für eine Ich-Enge, ja mehr noch, für unsere Trennung vom Ich, von unserem eigentlichen Wesen. In der Angst sind wir aber nicht nur getrennt vom Ich, sondern auch getrennt von der Welt. Das Ich bleibt trotz seiner Rolle, die ihm zugedacht ist und die es einnimmt, einsam und bedroht – obwohl es sich vordergründig geschützt fühlt. Aber weil es von der Rolle überspielt und übertönt wird, verkümmert es immer mehr, gleich einem ungenutzten Muskel. Diese Angst würde sich erst verlieren, wenn das Ich Raum bekäme, um sich zu einem Subjekt entwickeln zu können.

Je mehr sich also solche Rollen etablieren und tradieren – und das tun sie ohne Zweifel –, desto mehr sind wir eine

Gesellschaft der Angst, eine Gesellschaft, die gewillt ist, sich in einem unentwegten Bedrohungsmodus einzurichten. Eine Gesellschaft auch, die Angst vor dem Tod hat – oder doch vielmehr Angst vor dem Leben? Eine Gesellschaft, die den Genuss über das Rollenspiel erfährt – man denke nur an die auf Leinwand festgehaltenen genüsslichen Posen der mit Kostümen und Perücken herausgeputzten Ludwige –, und nicht den Genuss am und über das Subjektsein. Das erklärt auch unsere Konsumlust, denn, um nochmals aus der illustrierten Sittengeschichte von Eduard Fuchs zu zitieren: »Die Repräsentation, die Pose fordert den Spiegel.« Die Pose fordert auch die richtigen Kleider, die richtige Frisur, das richtige Auto, die richtige Wohnung und letztlich auch die richtigen Freunde, die richtigen Ehepartner:innen und die richtigen Kinder – kurz: die richtigen Statussymbole.

Je mehr die Rolle genährt wird, wofür uns ein üppiges Konsumangebot zur Verfügung steht, umso mehr verkümmert das Ich und wächst im gleichen Verhältnis die Angst. Dementsprechend können wir an unserer Konsumlust ablesen, wie sehr wir von unseren Rollen und unseren Ängsten beherrscht sind.

Um uns an dieser Stelle doch noch einen hoffnungsvollen Ausblick zu gestatten: Der intersubjektive Raum, der über die Anerkennung der Differenz geschaffen wird, bestätigt die eigene und des anderen Einzigartigkeit, bestätigt gleichsam das eigene und des anderen Ich. Vielfach wird diese Anerkennung verwechselt mit Liebe und Akzeptanz. Ich möchte mich von diesen Begrifflichkeiten lösen, in denen oft ein moralischer Unterton mitschwingt, und auf die schlichte, wertfreie Anerkennung eines anderen Ich verweisen. Unter solchen Bedingungen könnte das vorherrschende gesellschaftliche Narrativ vielleicht so aussehen, dass zukünftig Weisheit, Fürsorge und Bedachtsamkeit als erstrebenswert angesehen werden und heutige Werte wie Reichtum, Macht und Ansehen ablösen könnten.

### *Die Kastration des Ich*

Gewöhnlich hört das Ich dort auf, wo das Du beginnt, und die Berührungen werden osmotisch verhandelt. Das bedeutet, die Grenzen von Ich und Du bleiben variabel, beweglich und elastisch; Distanz und Nähe können je nach Situation neu geregelt werden. Werden diese Grenzen missachtet, handelt es sich stets um Gewaltakte, die meist absichtlich begangen werden, um hierarchische Gefälle zu erwirken, also Kontrolle über andere Menschen. Diese Hierarchien sind jedoch oft nicht mehr verhandelbar. Später werden sie gerne »Konventionen« genannt, »sinnvolle Ordnungen und Strukturen« oder gar »zweckmässige Hierarchien«.

Die Strafe, die Narziss erfährt, ist ihm von neidischen Werbern gewünscht und von Rhamnusia auferlegt worden; sie setzt seinem Leben ein jähes Ende. Es gab also kein Verhandeln der Grenzen zwischen Ich und Du, zwischen den Wünschen der einen Person und den Wünschen der anderen. Stattdessen wurde in einem gewalt- und machtvollen Akt das Begehren des einen zugunsten der Rache der anderen ausradiert. Die Grenzen, die uns voneinander trennen – wozu auch die Haut gerechnet werden kann, die unseren Körper wie eine Hülle schützt –, wurden zerstört. Damit wurde der eine Mensch in den Dienst des anderen gezwungen. Wir können diesen Vorgang ohne Bedenken als Kastration verstehen; das Ich des Narziss, sein Begehren und seine Potenz wurden kastriert und sollten, anstatt in den eigenen, ausschliesslich in den Dienst anderer gestellt und dort wirksam werden.

Ob so viel Bösartigkeit und Egoismus erstaunt auch die Art und Weise der Strafe nicht: Welche tödliche Strafe könnte harmloser daherkommen als eine, die keine Waffen und keinen Kerker kennt? Welche Strafe könnte die eigentlichen Aggressoren, die Werber:innen und Rhamnusia, besser bedeckt halten und die Schuld dem jungen Mann zuweisen als die, ihn in sich selbst einzuschliessen?

Abwehrstrategien sind Kompromisse zwischen den Ansprüchen und Erwartungen der anderen und denjenigen, die das Ich fordert. Narziss hätte die Möglichkeit gehabt, darauf zurückzugreifen, doch der Mythos will, dass er den Märtyrertod stirbt. Das macht die Geschichte dramatischer und ergibt so mehr Interpretationsmaterial. Zum Beispiel wird es offenkundig, dass ein Märtyrertod, also ein »Opfertod«, ein ultimativer Triumph über den Aggressor sein kann, ein Motiv, das heute vielen Suiziden zugrunde liegt. Indem die anderen insgeheim des Mordes beschuldigt werden, kann sich das Opfer mit dieser Anklage an ihnen rächen. Das Märtyrertum muss nicht unbedingt mit dem Tod enden, es kann auch ein ganzes Leben lang dauern: Wer die Position eines Opfers einnimmt und ausspielt, gewinnt grosse Macht über andere Menschen, was ebenfalls zu Triumphgefühlen führt.

Die narzisstische Abwehr verfolgt vorwiegend das Ziel, der Kastration des Ich zu entgehen und an Bedeutung zu gewinnen. Narziss stirbt an seiner Verlorenheit und Bedeutungslosigkeit: Das ist der Triumph der Rächerinnen und Rächer. Weil die Strafe ihm den Zugang zu einem Du verwehrt, bleibt dem Ich keine Luft mehr. Dass in dieser Not Abwehrstrategien erfunden werden, um einigermassen den Kopf über Wasser zu bekommen, ist mehr als verständlich. Bis zur Atemlosigkeit getrieben, der Vernichtung zu entkommen und an Bedeutung zu gewinnen, eröffnen sich dem Ich Wege, deren Funktion ich in der Folge ausführlich beschreiben werde.

### *Frustration versus Kastration*

Doch zuvor gilt es, den Unterschied zwischen Kastration und Frustration zu verstehen, den die Psychoanalyse macht. Wenn ein Kind ein Eis möchte, dann können wir seinen Wunsch erfüllen oder ablehnen: »Du hattest schon eines heute, das reicht.« Trotz des Nein steckt in dieser Antwort ein grundsätzlicher Respekt für den Wunsch des Kindes. Das Kind ist zwar frustriert, wird jedoch lernen, mit dieser Frustration umzugehen.

Ganz anders sieht es aus, wenn wir antworten: »Immer willst du Eis, das macht nur die Zähne kaputt.« Damit ist der Wunsch des Kindes nach einem Eis gebrochen, weil er als schädlich bezeichnet wird. Mit Kastrationen in dieser Form wird das Kind nicht fertig, es wird ohnmächtig und mit der Zeit wunschlos. Wünschen ist eine Lebenskraft, und diese Kraft darf nie gebrochen werden. Es gibt auch keinen Grund, sie zu brechen, und wenn es doch getan wird, sind Machtinteressen im Spiel. Den Wünschen eines Menschen das Genick zu brechen, dient allein dem Bestreben, sich diesen Menschen untertan zu machen.

Bei Ovids Narziss, dessen Begehren – sprich: Wunsch – abschlägig beantwortet wird, handelt es sich nicht um Frustration, sondern eindeutig um eine Kastration, denn Narziss stirbt. An Frustration stirbt man nicht, an Kastration schon: Wird das Ich mit seinen Wünschen und Bedürfnissen nicht anerkannt und damit als Subjekt nicht wahrgenommen, ist das tödlich. Narziss erhält diese kastrierende Strafe, obwohl er die anderen nur frustriert, weil er ihre Wünsche, ihr Begehren, nicht erfüllt. Schliesslich gibt es noch viele Wesen ausser ihm, auf die man ausweichen und sein Begehren richten kann. Die Frustrierten rächen sich in seinem Fall aber mit seiner Kastration. Das ist die heftigste Form der Abrechnung, und es ist ein bewährtes Instrument des bestehenden Herrschaftsdiskurses.

Wir können die Spuren dieser Verhaltensweisen auch an uns feststellen. Sie sind unter anderem dort offensichtlich, wo der oder die Frustrierte sich als Opfer desjenigen in Szene setzt, der ihm seine Wünsche nicht erfüllt. Dies, um sich zu rächen, indem er oder sie ihn als Täter brandmarkt. Auch das ist eine Kastration. Der Vorwurf »immer willst du ein Eis« zeugt von einem beklagenswerten Elternteil, der unter solcherlei »anmassenden« Wünschen leidet. Ein Vorwurf ist immer ein aggressiver Anwurf.

Es stellt sich in diesem Fall die Frage, ob das »frustrierte Opfer« nicht auch die Kastration kennt und aus diesem Grund sein letztes Instrument zückt, das ihm noch bleibt, um sich überhaupt bemerkbar zu machen: die Opferposition. Und zwar gerade deshalb, weil es seine Aggressionen im Dienste des Ich nicht unbeschadet nutzen konnte und kann, also diejenige Kraft, die es mit in die Wiege bekam, um sich für sich selbst einsetzen zu können. Dieser Umstand könnte einen Machtdiskurs rechtfertigen, auch dessen Tradierung, weil es keine anderen Möglichkeiten gibt, sich seine Position als Subjekt einzurichten.

Um es am Beispiel des Kindes mit dem Wunsch nach einem Eis zu erklären: Der abschlägigen Antwort: »Immer willst du Eis, das macht nur die Zähne kaputt«, könnte der Vater oder die Mutter hinzufügen, »und die Rechnung für den Zahnarzt muss dann ich bezahlen«. Die Aggressivität dieser Verbindung des kindlichen Wunsches nach einem Eis mit – ich übertreibe – der finanziellen Notlage, in die der sprechende Elternteil deswegen gerät, ist beachtlich. Sie könnte uns in der Vermutung bestärken, dass auch der Mutter oder dem Vater die Position als Subjekt fehlt, womit dieser Wunsch nicht in einem intersubjektiven Raum verhandelt werden kann, sondern ein für alle Mal abgewürgt werden muss. Vermutlich, um das eigene Ich, das mit einem eigenständigen Nein Raum beanspruchen würde und deshalb die Opferposition bemühen muss, vor einer drohenden Kastration zu bewahren. Hier könnte das Scharnier für die Tradierung des Machtdiskurses liegen.

Ich rechtfertige solche Gewaltakte keineswegs, möchte jedoch möglichen Spaltungen in Gut und Böse, richtig und falsch zuvorkommen, die wir machen, um uns selber immer wieder ausserhalb gewalttätiger Diskurse in der Unschuld zu verorten. Ich möchte dazu beitragen, eine Selbstreflexion anzustossen, damit wir uns unseres Machtdiskurses auch in den kleinsten Einheiten, also zwischen mindestens zwei Menschen, bewusst werden und diesen zu verändern beginnen. So bin ich weit davon entfernt, das Verhalten erwachsener Menschen zu entschuldigen, denn jeder und jede hat die Verantwortung für sich selber zu übernehmen, gleich welcher Art die persönliche Vorgeschichte ist. Wir können versuchen, den narzisstischen Diskurs durch den intersubjektiven zu ersetzen, um die Anerkennung der Differenz einzuüben und das Bewusstsein zu fördern, dass andere Menschen Nicht-Ich sind. Das wäre eine gute Voraussetzung, um Beziehungen auf Augenhöhe und damit nachhaltige Gerechtigkeit zu etablieren.

### Verloren in den Wünschen anderer

Wie wir gesehen haben, erfahren Narziss und auch der Pilot das Du als bedrängend, als eines, das ihnen den Mund stopft. Obwohl Torten verführerisch sind, kann man daran auch ersticken. Und obwohl das Begehren der anderen verführerisch sein kann – es kann einen ebenfalls ersticken. Narziss hatte jedes Recht, die Begierden der anderen nicht zu befriedigen. Seit ihrer frühen Kindheit – denn der junge Narziss und der erwachsene Pilot handeln nur auf dem Hintergrund ihrer Kindheitserfahrungen – haben die beiden gelernt, dass die Welt da draussen sie mit ihren Begierden und Erwartungen belagert, und zu dieser Welt zählen auch die Eltern. Die beiden Kinder haben gelernt, dass sie ihr Leben in der Enge einer narzisstischen Beziehung zu fristen haben. Sie haben gelernt, dass ein Du fehlt, das ihnen eine rettende Hand reicht. Sie haben gelernt, dass die Wut nicht an den richtigen Adressaten gerichtet werden darf, sondern notfalls auf einen Konditor.

Wie also soll sich Narziss in seinem Leben zurechtfinden, wenn er doch alle Beziehungen scheut, weil seine Bezugspersonen ihn bedrängen, ihn ersticken, ihn mit Schuld und Strafe beladen? Dabei ist auch er, wie wir alle, angewiesen auf eine Welt, in der er leben kann und nicht sterben muss. Wie soll er dieser Bedrängnis entfliehen? Und nicht zuletzt: Wohin soll er mit seiner Libido?

Alle Menschen haben in ihrem Wesen narzisstische Anteile. Denn wir alle werden in Machtstrukturen hineingeboren, in diese Kultur des Miteinanders, des Ein- und Ausschlusses. Und wir alle versuchen, eine mehr oder minder grosse drohende Bedeutungslosigkeit wettzumachen. In der Folge tradieren wir diese Beziehungsform, nicht zuletzt über die von uns etablierten Bildungsinstitutionen, in denen bereits das kleine Kind lernt, sein Ich ausser Acht zu lassen. Und auch dieses Kind wird sich, wie der spätere Erwachsene, mangels einer Wahrnehmung seines Ich nach Bedeutung sehnen und die Beziehung zum Du nach dessen Wünschen einrichten. Das Du wird vom Ich also dorthin beordert, wo es Anerkennung zu zollen hat und bei seiner Suche nach Anerkennung selber zu kurz kommen wird. So werden dieses Kind und der spätere Erwachsene in Rollen schlüpfen, die ihnen in der Gesellschaft Anerkennung, Bedeutung und Status sichern. Sie werden sich an die Wünsche anderer anpassen. Auch Narziss hätte sich dem Begehren der Nymphen, Männer und Frauen hingeben und versuchen können, seine eigenen Bedürfnisse in deren Begehren unterzubringen. Der Preis dafür wäre jedoch der Verzicht auf eine ganz eigene Subjektwerdung gewesen.

Ein Beispiel aus meiner Praxis illustriert diese Aussage: Auf meine Frage an einen Analysanden – nennen wir ihn Herrn Müller –, wie er zu seinem Beruf als Klavierlehrer gekommen sei, erzählte er, dass er als Kind Lust hatte, Klavier zu spielen, weil der Nachbar so ein schönes Klavier besass. Als Jugendlicher habe er jedoch das Interesse daran verloren. Weil seine Mutter und Grossmutter ihn gedrängt hätten, das Klavierspiel wieder aufzunehmen, sei er schliesslich Klavierlehrer geworden und mit diesem Beruf nicht unglücklich. Die Frage stellt sich: Was wäre Herr Müller geworden, wenn er den Wünschen und Erwartungen an ihn nicht nachgegeben hätte? Seine eigenen Wünsche zugunsten anderer aufzugeben, bedeutet einen Verlust der eigenen Potenz, nicht nur der sexuellen. Statt sein Feuer und seine Energie gegen sich selber zu richten, kann Herr Müller sie in eine Richtung lenken, welche die Erwartungen von Mutter und Grossmutter erfüllt und gleichzeitig sein Ich nicht allzu stark gefährdet. So findet er sich in einer Rolle wieder, die ihm genügend Raum lässt, um zu überleben und sein Ich nicht ganz zu verlieren. Auch die gesellschaftliche Anerkennung dieser Rolle ist gesichert.

Die schmerzlich vermisste Anerkennung einer eigenen Identität, eines Ich mit eigenen Wünschen, Bedürfnissen und Charakterzügen, wird sich vielleicht in psychischen und/oder physischen Symptomen zu äussern beginnen. Diese können durchaus eine Chance sein, die Richtung der Gefälligkeiten zu ändern und sich selbst mehr Aufmerksamkeit zu widmen. Eine Rolle zu wählen und zu spielen, ist kein Ausweg aus dem Dilemma, sie ermöglicht es nur, zu überleben. Die Enge und Beziehungslosigkeit, die Narziss zwischen seinem Ich und dem Ich im Spiegelbild erfährt, bleibt, ebenso die Erfahrung, dass niemand da ist, um eine Beziehung zu ihm (oder ihr) aufzubauen. Herr Müller macht vielleicht seine Mutter und Grossmutter glücklich, weil er Klavierlehrer ist und bleibt. Doch die Ausdehnung seines Ich ist ihm verwehrt, er bleibt eingezwängt in die Begierden anderer, und es fehlt ihm ein Du, vielleicht ein

Vater, der ihm den Raum gibt, um sein eigenes Begehren und seine eigenen Wünsche zu erkunden, um Genuss und Freude zu erfahren. Der berühmte Schweizer Schriftsteller Friedrich Glauser (1896–1938) schreibt in seinem 1941 erschienenen Kriminalroman *Krock&Co., Wachtmeister Studers vierter Fall*: »Er wusste noch nicht, dieser junge Schnufer, dass es einen Scheideweg gibt; die bequeme Strasse führt zu Ehren und Würden, aber der Zoll, den man entrichten muss, um auf dieser Strasse zu wandeln, heisst Selbstachtung und gutes Gewissen.« (Anm. JF: »Schnufer« ist ein schweizerdeutsches Wort für einen Jungen, der noch grün hinter den Ohren ist.)

## *Die Auswege der Nymphe Echo*

Sowohl in individuellen als auch in gesellschaftlichen Beziehungsstrukturen sind Rollen etabliert, die denjenigen, die sie bekleiden, Anerkennung und Status sichern. Um nochmals die Sichtweise von Eduard Fuchs zu zitieren: »Die historische Situation gebiert die fürstliche Selbstherrlichkeit, genau wie sie sie korrigiert, und nicht die Person formt das Schema ihrer Zeit.« Fuchs veröffentlichte sein Buch im Jahr 1912. Aus einer heutigen Perspektive, in welche die Psychoanalyse und ihre Kulturtheorie eingeflossen ist, würde ich hinzufügen, dass es wohl ein Wechselspiel war, in dem einerseits der einzelne Mensch bereit war, diese Rolle zu übernehmen, und andererseits die historische Situation einen Raum dafür zur Verfügung stellte.

In der Folge möchte ich die Ovid-Figur der Nymphe Echo beleuchten, die uns näher an den Sinn der Rollen heranführen kann und uns ermöglicht, diese zu erkennen und zu verstehen. Dies nicht zuletzt, weil wir alle selbst solche Rollen spielen. Echo nimmt in Ovids Narziss-Erzählung einen prominenten Part ein. »Nymphe« ist eine altgriechische Bezeichnung für Braut, Verlobte und Jungfrau. In der griechischen und römischen Mythologie sind Nymphen Naturgöttinnen niederen Ranges, die Gewässer, Wälder und Berge bewohnen und beschützen. Die Bergnymphe Echo kann nie als Erste sprechen und bleibt nie eine Antwort schuldig; sie ist die Stimme des Widerhalls. Ovid schreibt in den Versen 361–369:

Sie konnte nämlich von vielen Worten nur die letzten wiederholen. Das hatte Juno (griechisch Hera, Ehefrau und Schwester von Zeus, Anm. JF) so angeordnet, weil Echo oft, wenn Juno auf den Bergen Nymphen in den Armen Jupiters (griechisch Zeus, Anm. JF) hätte ertappen können, die Göttin wohlweislich mit langen Gesprächen hinhielt, damit die Nymphen entwischen konnten. Nachdem Saturnia (Beiname von Juno, Anm. JF) dies durchschaut hatte, sprach sie: ›Über diese Zunge, die mich genarrt hat, sollst du von nun an nur wenig Macht haben und deine Stimme nur noch ganz kurz gebrauchen dürfen‹. Ihre Drohung macht sie wahr. Immerhin kann Echo die Laute am Ende einer Rede wiederholen und Worte erwidern, die sie gehört hat.

Ist Echo eine weitere Kastrierte in der griechischen Mythologie? Eine junge Frau, die sich nur in den Worten anderer ausdrücken kann, weil sie ihre Genossinnen nicht an die eifersüchtige Juno verraten hat? Eine Nymphe, die wie Narziss für eine »Missetat« bestraft wurde? Die griechische Mythologie ist voll von solchen Geschichten über Eifersucht, Inzest, Vergewaltigungen, Strafen für Ungehorsam – ein Machtdiskurs sondergleichen.

Echo entdeckt Narziss im Wald, wo er auf der Jagd umherstreift, und verliebt sich in ihn. Ja, sie entbrennt immer mehr an ihrem Begehren, das Ovid ab Vers 373 auf köstliche Weise beschreibt: »[...] und je länger sie ihm folgt, desto mehr lässt seine Nähe sie erglühen, nicht anders, als wenn der leicht entzündliche Schwefel, mit dem die Fackeln an der Spitze bestrichen sind, eine Flamme an sich reisst, die man in die Nähe bringt.« Die mit Wortlosigkeit bestrafte Echo kann Narziss aber nicht ansprechen, sondern muss warten, bis er etwas sagt, um dann seine Worte in gekürzter Form zu wiederholen. Weil sich seine Gefährten von ihm entfernt hatten, ruft Narziss in den Wald hinein: »Ist jemand hier«? Echo echot: »Hier.« Narziss, unsicher über die Identität der antwortenden Person, ruft: »Komm!« Und Echo wiederholt. Er will wissen, warum sich die zurückrufende Person nicht zeigt, und Echo gibt erneut seine Worte wieder: »Was fliehst du vor mir?« Narziss versucht es nun mit der Aufforderung: »Lass uns hier zusammenkommen.« Echo, glücklich über diese Einladung, tritt schliesslich aus dem Wald und sagt: »Zusammenkommen.«

Hier muss angemerkt werden, dass das lateinische Wort »coeamus« für »zusammenkommen« auch im Sinne einer sexuellen Vereinigung (Koitus) verstanden werden kann, wenn es für sich allein steht. Dementsprechend ist diese Stelle für meine Interpretation sehr wichtig, weil sie aufzeigt, dass die »kastrierte« Echo ihre eigenen Wünsche geschickt in diejenigen des Gegenübers einzubetten vermag und damit ihre Sprachlosigkeit – zumindest teilweise – ausgleichen kann. Diese Interpretation, die Thomas Hunkeler, Professor für französische Literatur an der Universität Freiburg, in seiner Dissertation vorbrachte, finde ich sehr treffend. Sie illustriert eine aussergewöhnliche und kreative Ichleistung, eine Abwehrstrategie, die Echo erlaubt, mit ihrer Kastration einigermassen leben zu können. Nun, Narziss will kein coeamus. Ovid schreibt ab Vers 391: »… er aber flieht; und während er flüchtet, ruft er: ›Hände weg, lass die Umarmungen! Eher will ich sterben, als dir gehören.‹« Echo antwortet naturgemäss mit »dir gehören«. Diese Stelle heisst in Latein »sit tibi copia nostri«, und andere Ovid-Übersetzer, zum Beispiel der deutsche Altphilologe Reinhard Suchier, übersetzen sie mit: »Dass du mir nahtest in Liebe!«

Auch hier wieder bettet Echo ihren Wunsch ganz deutlich in Narziss' Worte ein. Gleichzeitig bestätigt und anerkennt sie ihn mit dem Wiederholen seiner Worte als eigenständiges Subjekt. Wir können also davon ausgehen: Würden sich die beiden trotz aller Widrigkeiten finden, könnte es sich um einen gelungenen Versuch handeln, ihre jeweiligen Kastrationen aushalt- und lebbar zu machen. Echo kennt keine eigene Sprache, sie wiederholt nur die letzten Worte eines/r anderen, in diesem Fall des Narziss. Auf diese Weise kann sie sich in sein Sein einbetten. Der Teil von Narziss, der nicht zu sterben gewillt ist, kann in der Wiederholung erkennen, dass er als Subjekt eine Bedeutung hat, die Anerkennung, dass es ihn gibt und dass da ein Mensch ist, der ihm seine Existenz bestätigt. Diesen einen Menschen im Leben zu heiraten, ist in der Realität nicht unüblich. Für Narziss würde diese Bindung die Einsamkeit und Verlorenheit lindern; sie könnte über weite Strecken die Kluft schließen, in der sein Ich zu verschwinden und zu verenden droht, wie es der Mythos erzählt. Dasselbe gilt für Echo, die ebenfalls ihres Ichs beraubt ist, denn sprachlos zu sein bedeutet, dass sie ihre Subjektivität nicht einbringen, ihren Platz in der Welt nicht einnehmen kann ausser über das Narrativ eines anderen. Wie gesagt: Um Ich sein zu können, braucht es den anderen oder die andere, der/die mir ermöglicht, mich von ihm/ihr zu unterscheiden.

Indem Echo Narziss als Subjekt bestätigt, übernimmt sie eine wichtige Funktion in seinem Leben, da sie sein Ich konstituiert und stabilisiert. Diese Rolle wiederum trägt ihr Bedeutung und Wichtigkeit ein, kommt sie doch so zu Anerkennung, wenn auch in einer Funktion für den anderen und nicht als differentes, eigenständiges Subjekt. Das hat für sie den Nachteil, dass sie ihre Anerkennung nicht als Subjekt auskosten kann, den befriedigenden, erfüllenden Genuss also entbehren muss. Gleichzeitig würde mit einer solchen Beziehung auch die gegenseitige Abhängigkeit besiegelt, womit sie angstbesetzt und fragil wäre.

Der Narziss, der entschlossen ist zu überleben, wird sich seine eigenen Wege suchen, um zu Anerkennung und Bedeutung zu kommen. Er wird sich mehr im gesellschaftlichen Bereich einbringen, wie es gemäss den vorherrschenden Rollenverteilungen üblich ist. Sowohl er als auch Echo deponieren ihre Wünsche und Bedürfnisse im Vokabular beziehungsweise im »Gefäss« des anderen, ein »Gefäss«, das ihnen vor allem zur Verfügung gestellt wird, weil sie einander dringend brauchen, aufeinander angewiesen sind, sich gegenseitig stabilisieren und in ihrer Rolle anerkennen.

Wir kennen dafür auch den Begriff »Helfersyndrom«, der sinngemäss umschreibt, dass die Helferin dem anderen hilft, um ihrer eigenen Hilflosigkeit zu entkommen; es verbirgt sich also genau genommen ein Akt der Eigennützigkeit hinter dem Etikett, dem anderen Wohlbefinden zu ermöglichen. An dieser Stelle sei nochmals Eduard Fuchs zitiert: »Die historische Situation gebiert die fürstliche Selbstherrlichkeit, genau wie sie sie korrigiert, und nicht die Person formt das Schema ihrer Zeit« – versehen mit meinem Zusatz, dass sich beide bedingen und nicht ohne einander sein können. Hinzu kommt, dass sowohl Echo als auch Narziss, weil sie ihre Wünsche nicht als eigenständige Subjekte äussern können, manipulativ versuchen werden, ihre eigenen Wünsche beim Gegenüber zu deponieren und sie dort manchmal auch zu befriedigen. Oder bildlich gesprochen: Wenn ich jemandem etwas schenke, dann ist es oft etwas, das auch ich gerne bekommen würde. Auch das muss als eine Ichleistung gewürdigt werden, schaffen es doch diese Menschen so, ihren kastrierten Wünschen mehr Kraft und Volumen zu verleihen.

Ich möchte noch einmal darauf hinweisen, dass mir nicht daran liegt, mit Verständnis Handlungen zu rechtfertigen, die dem Gegenüber weh tun und schaden. Ein jeder Mensch hat die Verantwortung für sein Handeln und Denken zu übernehmen. Vielmehr möchte ich über das Verstehen solcher Dynamiken dazu beitragen, dass wir alle die Möglichkeit erhalten, uns zu verändern. Und ich möchte uns ermutigen, den Raum für die eigenen Wünsche nicht in jenen von anderen einzusperren, sondern unser Begehren vielmehr als Subjekt in die eigene Verantwortung zu übernehmen.

## Die Richtungswechsel der gefangenen Libido

Wir alle haben Anteile von Echo und Narziss und tradieren diese Dynamik gemeinsam, wir verführen und lassen uns zu Rollen verführen, die uns Bedeutung und Anerkennung sichern. Auch wenn diese Rollen auf falschen Prämissen beruhen, so ist es doch besser, sie zu spielen, als – wie die beiden Protagonisten Ovids – zu sterben. Unser eigentliches Ich jedoch verkümmert dabei, weil es für die Differenz ausgelegt ist: Es braucht ein Du ausserhalb von sich, um überhaupt Begehren und Begehrtwerden erfahren zu können. Wir haben die Wahl, dieses tradierte Narrativ zu verlassen und damit unserem eigenen Begehren Raum zu geben. Dass Narziss in sich selber eingeschlossen bleibt, ist die Hölle auf Erden, ist er – wie auch Echo – so doch dazu verdammt, an der Glut der eigenen gefangenen Libido zu sterben. Ovid schreibt in Vers 395 bis 400 über Echo:

»Doch die Liebe bleibt und wächst noch aus Schmerz über die Zurückweisung. Sorgen gönnen ihr keinen Schlaf und zehren den Leib jämmerlich aus; Magerkeit lässt die Haut schrumpfen, in die Luft entschwindet aller Saft des Körpers, nur die Stimme und Gebein sind übrig. Die Stimme bleibt, das Gebein soll sich in Stein verwandelt haben.«

Die Abwehrstrategien eröffnen der Libido, die weder ein Du noch das Ich erreichen kann, neue Wege. In der Psychoanalyse nennen wir sie »Perversionen«, abgeleitet vom lateinischen Wort »per-vertere«, was so viel bedeutet wie »umdrehen«. Das heisst, der sexuelle Trieb, dem aufgrund der Strafe ein Du verweigert wird, sieht sich gezwungen, die Richtung zu wechseln. Dieses Ich sucht sich Wege, um das fehlende Du und das unerreichbare, sich im Wasser spiegelnde Ich zu ersetzen. Zum Beispiel durch suchtartige Onanie, durch gewalttätige Fantasien oder Handlungen, durch Pädophilie – man erinnere sich an das Nein des Narziss –, durch sadomasochistische Praktiken und vieles mehr.

Herr Brönnimann (Name geändert) wurde wegen Pädophilie verurteilt. In den 80er Jahren in der Schweiz geboren, wuchs er in Armut und seelischer Verwahrlosung auf. Oft bekam er nichts zu essen und ging hungrig zur Schule. Mit neun Jahren entdeckte er die Prostitution: Eine erwachsene Frau begehrte ihn. Sie bezahlte ihn mit Zuneigung, Wärme, Essen und kleinen Geschenken. Dann wurde sein Kundenkreis grösser und vermischte sich mit Männern. Die Kund:innen taten ihm Gutes an, waren lieb und nett zu ihm, schätzten ihn, wie er erzählt. Zum ersten Mal in seinem Leben erfuhr er eine Anerkennung seines Ich, die ihn so beglückte, dass er sie später als erwachsener Mann weitergeben wollte.

Um Pädophile zu verhindern, brauchen wir dringend eine gesamtgesellschaftliche Etablierung des intersubjektiven Diskurses, der die Anerkennung jedes und jeder Einzelnen als eigenständiger Mensch gewährleistet. So muss niemand mehr dem Ausweg der Perversion verfallen und die sexuellen Triebe mit sich selber kurzschliessen. In der Perversion bleibt das gesuchte Du mit dem Ich verheddert, das Begehren in sich selbst verstrickt; eine Öffnung hin zu anderen und damit hin zur Welt ist verunmöglicht.

Eine weitere Perversion, die nach meiner Erfahrung am meisten praktiziert wird, sind sadomasochistische Praktiken und Beziehungsformen. Der *Hexenhammer* bietet uns hier ein anschauliches Beispiel. Das 1486 in Speyer erschienene Werk wurde vom Dominikanermönch Heinrich Kramer (lat. Henricus Institoris) verfasst und diente den Inquisitoren quasi als »Handbuch« für die Beurteilung und Behandlung von Menschen, die im Verdacht standen, Hexerei zu betreiben. Bis ins 17. Jahrhundert hinein gab es davon 29 Auflagen. Im *Hexenhammer* wird die Erzählung eines Dominikaners und Theologen aus dem 13. Jahrhundert zitiert, wonach er »eine Jungfrau in frommer Haltung gesehen und bei der Beichte gehört, die erst sagte, sie habe niemals in einen Beischlaf gewilligt. Dadurch gibt sie jedoch zu verstehen, dass sie damit bekannt gewesen ist; da ich es aber nicht glauben wollte, setzte ich ihr mit Gründen und harten Drohungen zu, bei der Gefahr ihrer Seele (die Wahrheit zu sagen): endlich gestand sie unter Tränen, sie sei eher am Sinne als am Leibe verdorben worden; und da sie danach gleichsam zu Tode betrübt war, und an jedem Tage unter Tränen berichtete, konnte sie doch nicht durch Klugheit, Studium oder der Kunst vom Incubus-Dämon befreit werden; auch nicht durch das Zeichen des Kreuzes noch durch Weihwasser, die doch besonders zur Verscheuchung der Dämonen verordnet werden, noch auch durch das Sakrament des Leibes Christi, das selbst den Engeln Schreck einflösst; bis der Dämon nach mehreren Jahren durch fromme Vornahme von Gebeten und Fasten verscheucht wurde. Und es ist glaubhaft – unbeschadet besseren Urteils – dass, nachdem sie im Schmerz über ihre Sünde gebeichtet hatte, der Beischlaf mit dem Dämon für sie vielmehr die Strafe für die Schuld als Schuld war.«

Die Erzählung aus alter Zeit zeigt auf, wie mächtig so ein sexueller Trieb sein kann, wie er sich Auswege sucht aus dem Eingeschlossensein und seiner Domestikation durch Sitten, moralische Regeln, Konventionen und Strafen. Die

Werkzeuge und eigenartigen Mittel, die ein herrschaftliches System anwandte und anwendet, um gegen diese Triebhaftigkeit anzukämpfen und sie unter seine Kontrolle zu bringen, lassen erahnen, dass diese Kraft bedrohlich für sein Bestehen sein muss. So ist es verständlich, dass jeglicher Machtdiskurs versucht, das Begehren und die Triebhaftigkeit der Menschen unter seine Kontrolle zu bringen, und alles daran setzt, sie zu brechen. Dennoch: Auch der »gebrochene« Trieb gibt nicht auf, er per-vertiert, er dreht seine Richtung, passt sich den Gegebenheiten an und sucht sich im Rahmen all dieser Auflagen und Konventionen neue Wege.

## *Von der Befreiung des Genusses*

In der zitierten *Hexenhammer*-Erzählung wurden die sexuellen Fantasien der jungen Frau in eine Qual umgedreht, weil sie nicht anders zu zügeln waren. Die Art und Weise, wie der Dominikaner-Theologe und Naturforscher Thomas von Cantimpré (1201–1270), auch Thomas Brabantinus genannt, diese in seinem Werk *Bonum universale de apibus* interpretiert, ist ein erhellendes Beispiel für Sadomasochismus. Die sexuelle Erregung wird als quälend hingestellt und soll mit Schmerz kontaminiert sein. Dieses Muster lässt sich auch auf nicht sexuelle Beziehungen übertragen, ob nun im individuellen oder gesellschaftlichen Bereich. Unter anderen hing auch Nietzsche diesem Denken an; wir kennen seinen berühmten Satz, den wir bis heute zitieren und damit tradieren: »Und was mein langes Siechthum angeht, verdanke ich ihm nicht unsäglich viel mehr als meiner Gesundheit? Ich verdanke ihm eine höhere Gesundheit, eine solche, welche stärker wird von Allem, was sie nicht umbringt ...« Dieses Narrativ des Leidens geht davon aus, dass Schmerz Tiefe bedeutet, eine kulturelle Leistung ist und von innerem Reichtum zeugt. Es ist eine sadomasochistische Idee, und sie prägt bis heute Generationen von Künstlern und Künstlerinnen, die diesem Diskurs folgen und Bedeutung aus ihm schöpfen.

Eine Erregung, auch eine Aufregung ist eine erotische Anspannung. Im erwähnten Narrativ wird sie so eingeschränkt, dass sie nicht oder nur beschränkt kreativ genutzt werden kann, das heisst nicht in einer Weise, die den Menschen weiter bringt. Stattdessen geht sie gleichsam im Ich verloren, bleibt hier gefangen und kann sich nicht nach aussen in andere Bereiche ausdehnen. Wir können dieses Eingeschlossensein eines Ich beispielsweise spüren, wenn wir in einer Kunstausstellung unberührt bleiben oder schnell müde werden, was bedeuten kann, dass die emotionale Ausdehnung des Künstlers nicht bis zu uns reicht.

Ausserdem ist unsere Idee von Genuss oft mit einem sadomasochistischen Hauch versehen, sprich: mit einem mehr oder minder grossen »Straffaktor« in Form unangenehmer Nachwirkungen. So verstehen wir etwa unter einem gemütlichen, genussvollen Abendessen mit Freund:innen in erster Linie ein feines, oft üppiges Mahl mit Prosecco, viel Wein und zur Abrundung Schnaps, was wir dann anderntags oder bereits in der Nacht danach bereuen. Die Ausgangsabende nicht weniger Menschen sind begleitet vom Konsum unterschiedlichster Drogen, die meist aufheitern und aufputschen sollen. Die anschliessende Schlaflosigkeit wird mit Schlafmitteln abgefedert. Die zur Schau gestellte sexuelle Offenheit ist in sehr vielen Fällen unterlegt mit emotionaler wie auch sexueller Überforderung, was auch wieder keinen eigentlichen Genuss verspricht. Auf alle diese Vergnügen zu verzichten, ist keine Lösung, denn auch die rigide Abstinenz tut weh. So bleibt auch heute mancher Genuss kontaminiert mit einer mehr oder minder grossen Qual – sprich: Strafe – und kann oft gar nicht mehr ohne diese Begleiterscheinungen gedacht werden.

Die Industrien, die sich sowohl des Genusses als auch des daraus erwachsenen Leidens annehmen, blühen; die beiden bedienen sich gleichsam gegenseitig. Wir bleiben im Narrativ der Bestrafung gefangen, und damit bleiben die bestehenden Machtverhältnisse unangefochten. Denn um den Genuss schmerzfrei zu denken, um – man denke an die »fehlbare« Jungfrau im *Hexenhammer* – erotische Erregung nicht mit einem schlechten Gewissen, mit Strafe und den entsprechenden Qualen in Verbindung zu bringen, müsste der Machtdiskurs abgelöst werden, der gerade diese Triebe unter seine Kontrolle bekommen will. Um seine Macht zu installieren und zu konsolidieren, nutzt er nach wie vor als wirksamstes Instrument die Schuld und bevorzugt die Ehe als ideale Beziehungsform, um die Kontrolle über die menschliche Triebhaftigkeit besser wahrnehmen zu können. Ausserhalb dieses Diskurses sähe der Genuss ganz anders aus – ihm würde die Qual abhandenkommen.

Eine Subjekt-Position, eine Ich-Position ausserhalb eines sadomasochistischen Narrativs erreichen wir über die Anerkennung der Differenz, die Anerkennung eines Gegenübers, das nicht Ich ist. So könnte die Enge der Perversion, das Gefangensein im eigenen Spiegel zugunsten einer Ich-Potenz aufgelöst werden; wir würden nicht ständig alles auf uns beziehen, sondern es im intersubjektiven

Beziehungsraum abhandeln. Die Selbstbezogenheit würde zugunsten eines Genusses verfliessen, der nicht vorwiegend dem Individualismus und dem Konsumismus beziehungsweise dem Profit des globalen Kapitalismus dienen muss. Wir würden nicht ständig mit uns selbst beschäftigt, um unser Wohl besorgt sein. Stattdessen würden wir unsere kreativen und generativen Kräfte nutzen, um unsere Befriedigung und damit letztlich die Befriedung der Welt zu erwirken.

## *Narziss und die Macht der Götter*

Wer genau ist in einer Beziehung ein Opfer, und was zeichnet ein Opfer aus? Wer ist ein Täter oder eine Täterin? Welche Rolle spielt in der Opfer/Täter-Dynamik die Schuld, und was hat es mit der Strafe auf sich? Diese Wechselspiele zu verstehen, erachte ich als ausserordentlich wichtig, weil sie uns einerseits auf einen narzisstischen Diskurs hinweisen und andererseits dabei behilflich sein können, uns an der eigenen Nase zu nehmen, uns mit den narzisstischen Anteilen in uns selbst auseinanderzusetzen und diese so hinter uns zu lassen.

Der 16-jährige Narziss wurde von einem gekränkten Verehrer der Schuld bezichtigt, ihn abgewiesen zu haben, und Rhamnusia erhörte den Rachedurst dieses »Opfers« und bestrafte Narziss, indem er ebenfalls nicht bekam, was er liebte. Ovid fand dafür in seinen *Metamorphosen* folgende Worte (ab Vers 415):

Und während er den Durst zu stillen trachtete, wuchs in ihm ein anderer Durst. Während er trinkt, erblickt er das Spiegelbild seiner Schönheit, wird von ihr hingerissen, liebt eine körperlose Hoffnung, hält das für einen Körper, was nur Welle ist. Das ist also Narziss' Strafe, sein in Flammen stehendes Begehren kann nicht erfüllt werden, weil er keinen Zugriff auf sein Spiegelbild haben wird. Wie du mir, so ich dir.

Wer die Deutungshoheit über Schuld und Schuldigkeit hat, der hat die Macht. Wer in der Götterwelt abtrünnig wird, weil er ihre Erwartungen nicht erfüllt, wird bestraft. Gegenüber der Obrigkeit folgsam zu sein, sich ihren Wünschen zu beugen und die eigenen entsprechend anzupassen, wird zum wegweisenden Narrativ. Diese Anpassung aufgrund von äusserer Gewalteinwirkung beziehungsweise Zwang ist auch heute noch das beste Mittel, um sich selbst zu beruhigen und in Ruhe gelassen zu werden. Es handelt sich hier um einen Krieg, der mit »leisen« Waffen geführt wird, ein täglicher Mikrokrieg. Narziss ist in diesem Sinn ein Betroffener, betroffen von den Machtallüren mächtiger Männer, Frauen und Nymphen, die von den bestrafenden Göttern unterstützt werden. Er hat sich deren Wünschen und Auflagen zu unterwerfen, und wenn er das nicht tut, geht er an seiner eigenen Libido zugrunde.

Da die Allmacht der Götter eine Projektion des Menschen ist und die Götter letztlich, wie das Spiegelbild des Narziss, »unlebendige« Körper sind, müssen wir uns eine grundlegende Frage stellen: Ist die von uns bestätigte Obrigkeit eine Projektion, und kann sie unser Bedürfnis nach Schutz – nicht zuletzt vor ihr selbst – überhaupt erfüllen? Bezahlen wir dafür nicht einen zu hohen Tribut mit Unfreiheit, der Aufgabe unserer Wünsche, mit unserer Kastration? Wenn wir diesen Aspekt in den bestehenden

Machtverhältnissen zu erkennen vermögen, dann ist es an der Zeit, sich Gedanken zu machen, wie wir uns davon befreien können. Denn nur noch die Wahl zu haben zwischen der Kastration oder der Verkümmerung des eigenen Begehrens in den Wünschen der anderen ist bedenklich. Anlass genug, um das bestehende Narrativ der Hierarchie zu hinterfragen und dem Eros statt dem Thanatos (Tod) mehr Raum zu geben.

An dieser Stelle ist es notwendig, das Bild des Narziss neu zu deuten und darauf hinzuweisen, dass Menschen, die wir als Narzissten oder Narzisstinnen sehen, unter Bedingungen aufgewachsen sind, die ihnen keine Chance gegeben haben, Ich zu werden, und die, um ihr Ich zu retten, die Erwartungen und Wünsche anderer zu erfüllen hatten. Die Antwort auf die Frage, inwieweit ein ganzer gesellschaftlicher Kanon auf dieser Prämisse beruht, überlasse ich den Leser:innen. Eine grundsätzliche Diskussion über den bestehenden Machtdiskurs und über die Frage, warum wir projektiv »Götter« erschaffen und uns ihnen unterwerfen, wäre aber sicher hochinteressant. Könnte es sein, dass uns das Erwachsenwerden nicht gelungen ist? Dass wir uns immer noch davor fürchten, die vollständige Verantwortung für uns selber zu übernehmen?

Der Ovidsche Narziss stirbt lieber, als sich den Erwartungen an ihn zu beugen. Der zeitgenössische Narziss, der in derselben Not steckt, aber nicht sterben möchte, entwickelt Strategien, um der stets lauernden Bedrängnis zu entweichen. Diese Abwehrmechanismen haben es an sich – wie viele andere auch –, dass sie die eigentliche Not – nämlich als Ich verkannt zu werden – nicht beheben, sondern nur Mittel sind, um das Leben erträglicher zu machen. Die erwachsenen Narzisse schädigen mit solchen Abwehrstrategien nicht nur sich selber – etwa, indem sie verloren und einsam bleiben –, sondern auch andere Menschen, die sich mit ihnen verbinden oder in irgendeiner Form mit ihnen zu tun haben. Denn der destruktive Teil, der das narzisstische Ich schädigt, ist mit der Abwehr nicht behoben. Wenn Narzisse auf eine Gesellschaft treffen, die gerade ihre Merkmale benötigt, um die Herrschaftsverhältnisse und deren Intentionen zu sichern oder gar zu konsolidieren – ich erinnere an das Zitat von Eduard Fuchs –, dann werden sie sich in diese Strukturen einnisten und sich darin ein Fortkommen ermöglichen können.

Diese Abwehrform nennen wir in der Psychoanalyse »Identifikation mit dem Aggressor«. Der oder die Betroffene identifiziert sich mit dem Aggressor, erachtet die an sich selber erfahrene Aggression als gerechtfertigt, ist sich also mit dem Aggressor einig, dass die Strafe angemessen sei. Damit wird das Ich-vernichtende Verhalten tradiert und in die nächste Generation getragen, die nun dieselbe Strafe zu erleiden hat. Diese Übertragung macht sich die Psychoanalyse zunutze: Als Analytikerinnen und Analytiker werden wir zum Übertragungsobjekt dieser Vernichtungsbestrebungen, identifizieren uns jedoch, weil wir diese Mechanismen kennen, nicht mit den Aggressor:innen und kommen daher nicht in dieselbe Not, sondern bleiben »draussen« und können so diese Dynamik analysieren.

## Narziss als Opfer und als Täter

Verstrickt in die Machtlosigkeit des narzisstischen Dilemmas, pervertieren auch die Aggressionen im Dienst des Ich, also diejenigen Aggressionen, die wir im Gegensatz zu den destruktiven Trieben benötigen, um unser Ich zu positionieren, uns für es einzusetzen und gestalterisch an der Welt teilzuhaben. Diese konstruktiven Aggressionen pervertieren in die Opferposition, die aus einem einzigen Grund eingenommen wird: um einen Täter zu benennen. Natürlich gibt es Opfer, die von einer realen Gewalt betroffen sind, zum Beispiel einem Verkehrsunfall, einer Naturkatastrophe oder einem Verbrechen. Die Opferposition, von der hier die Rede ist, wird jedoch von Menschen bezogen, die damit eine ganz bestimmte Beziehung zu einem anderen Menschen herstellen: eine Beziehung in der Schuld. Eine Beziehung, die das Gegenüber in ein hierarchisches Gefälle positioniert und es beschuldigt, schädlich, ein Täter oder eine Täterin zu sein.

Kommen wir einmal mehr auf das Beispiel mit dem Kind und dem Eis zurück. Wenn das Kind sich ein Eis wünscht und zur Antwort bekommt: »Das macht nur die Zähne kaputt und die Zahnarztrechnung muss ich bezahlen«, dann wird das Kind mit seinem Wunsch in einer Schuld gegenüber dem Vater oder der Mutter verortet. Es wird zum »Täter« an ihnen, sie leiden unter ihm, haben sie doch eine grosse Rechnung zu bezahlen. Das Kind wird sich mit dieser Schuld identifizieren und sich zukünftig nur ein Eis wünschen, wenn die anderen auch eines wollen. Um ganz genau zu sein: Dieses Kind ist von Gewalt betroffen, weil es aufgrund seines Wunsches schuldig gesprochen wird.

Der junge Ovidsche Narziss erlebt eine ähnliche Form der Gewalt. Der überlebende und erwachsene Narziss kann sich in dieser Dynamik einen Ausweg bahnen, um sein Begehren dennoch erfüllt zu bekommen: Er dreht die Kraft des Wunsches um in eine emotionale Erpressung, er macht Druck, indem er sich als Opfer inszeniert und einen Schuldigen benennt. Seine Nächsten werden Angst vor dieser Schuldzuweisung bekommen und seinen Wünschen nur schon deswegen nachkommen, damit sie frei von Schuld bleiben. Mit anderen Worten: Narziss tradiert genau das, was er gelernt hat. Auch er wird die Zahnarztrechnung erwähnen, um den Wunsch seines Kindes zu brechen, auch er wird bekunden, dass er unter den Wünschen der anderen leidet, auch er wird das eigenständige Ich eines Gegenübers vernichten wollen. Betroffen von dieser Form der Gewalt sind stets Menschen, die in der Beziehung vom Gegenüber abhängig sind. Damit läuft der Aggressor, die Aggressorin nicht Gefahr, verlassen zu werden. Das weiss die Mutter des Piloten; sie weiss, dass ihr Sohn die Beziehung zu ihr trotz ihrer Übergriffigkeit nicht brechen, sondern seine Wut darüber am Konditor auslassen wird. Und so weiss auch der erwachsene Narziss als Vater, dass sein Kind ihn nicht verlassen wird, wenn er es kleinmacht.

Solange die konstruktive Kraft eines Wunsches in einen Opfermodus pervertiert, solange die Gesellschaft diese Mechanismen zulässt, ja gar zur Konsolidierung und Legitimierung ihrer Machtverhältnisse benötigt, solange kranken wir alle an Schuldgefühlen, Ängsten, an Einsamkeit und Verlorenheit. Wir ersticken an unseren Aggressionen, die nunmehr nur noch als destruktiv erfahren werden und nicht mehr als eine potente Kraft, die uns das Leben schenkt.

Die Opferposition vermag uns aus der Ohnmacht und Hilflosigkeit zu retten: Das Kind, das sich sehnlichst ein Eis wünscht, dann aber ein Nein mit der Botschaft erhält, es füge mit seinem Wunsch dem Vater oder der Mutter Schmerzen zu, fühlt sich ohnmächtig, ja gar vernichtet, gerade weil es als schädlich für die Eltern gebrandmarkt wird. Später wird es die Vorteile dieser Opferposition entdecken, es wird sich mit dem Kastrationsmuster der Eltern identifizieren, weil es so an Macht gewinnen wird, an Macht über die anderen. Gleichzeitig sichert es sich damit die vollumfängliche Aufmerksamkeit der anderen. Die Antwort der Eltern ist ein gutes Beispiel: Statt einfach Nein zu sagen, also die konstruktiven Aggressionen einzusetzen, nimmt der Vater oder die Mutter diesem Nein die Schärfe und verdreht diese potente Ich-Positionierung in eine Opferposition. Damit ist ihr oder ihm die Beziehung zum Kind »gesichert«, weil sich dieses unmittelbar schuldig fühlt und sein Ungenügen wieder wettmachen möchte, um sich der Zuneigung der Eltern zu versichern. Die Eltern sind beruhigt, weil sich das Kind wegen des Neins nicht von ihnen abwendet, grollt und wütend ist. Dieser Opfer/Täter-Diskurs beruhigt also die Angst der Eltern, verlassen zu werden, falls sie ein klares Nein formulieren würden. So tradieren sie ihre Ängste mitsamt den Bindungsstrukturen der Schuld.

*Die vergessene Rebellion*

Wir können guten Gewissens sagen, dass der ursprüngliche Narziss, der griechische wie der römische, ein eigentlicher Rebell war, der sich der »Obrigkeit« widersetzte und dafür mit dem Tod büssen musste. Später wird Christus sich in diesen Kanon einreihen, und viele weitere mehr. Es ist erstaunlich, wie diesem Mythos in der Tradierung das rebellische Element gänzlich abhandenkam; nicht einmal die Strafe erscheint mehr als solche: Wer weiss heute noch, dass Narziss von Rachedurstigen strafeshalber in sich eingeschlossen und so gezwungen wurde, mit sich selbst vorlieb zu nehmen, ohne je eine Antwort von einem Gegenüber zu erhalten? Wer weiss um diese Machtkämpfe, um diese Herrschaftsansprüche? Mir scheint, dass dem Narziss von heute nun dasselbe geschieht, also den Menschen, die nicht einen Märtyrertod sterben, sondern sich einen Weg durchs Leben bahnen im ständigen Versuch, ihren Mangel an Bedeutung und Macht wettzumachen. Desolat ist, dass diese Narzisse in der Identifikation mit ihrem Aggressor die mit ebenso viel Macht ausgestattete Position des Opfers nutzen – ich erlaube mir, sie als Waffe zu bezeichnen – und damit diese ganze missliche Dynamik tradieren.

In der Überlieferung ging die Bedeutung von Narziss' Auflehnung gegen das »System« und die Bestrafung für seinen Widerstand verloren. Somit reiht sich die heutige Sicht auf ihn in den Kanon ein, dass die Strafe Rhamnusias, der Göttin der ausgleichenden Gerechtigkeit, »gerecht« war. Und indem wir Narziss nachhaltig mit dieser Stigmatisierung »bestrafen«, belassen wir ihn in seiner Einsamkeit und Verlorenheit, in seiner vordergründigen Selbstverliebtheit. Es liegt mir fern, Narziss zum Opfer dieses Diskurses zu machen, denn damit würde ich den gleichen Kanon bedienen. Um es noch einmal zu betonen: Mein Anliegen ist vielmehr, aus diesem Narrativ auszubrechen und alle Verantwortlichen zur Rechenschaft zu ziehen, die über die Opferrolle Herrschaft einrichten. Wären wir dazu in der Lage, könnten Kriege verhindert werden. Die Göttin Rhamnusia, die Nymphen und die Männer und Frauen in der Antike würden ihre Machtstellung verlieren, die sie auf der Prämisse ihres Leidens aufbauen – sind sie doch alle Opfer der Zurückweisung durch Narziss, die sich auf dieser Grundlage auf sadistische, aber legitimierte Weise rächen.

## *Das Leiden als Lebenselixier*

Ich bin überzeugt, dass wir alle in einer Opfergesellschaft leben. In einer Gesellschaft, in der wir das »Leiden unter jemandem oder etwas« zum Leitsatz des Lebens machen und so einen von Negativität geprägten Weg einschlagen, der uns nur noch Angst machen kann. Dieser Weg beinhaltet als Lebenselixier den *bevorstehenden* Tod, die *bevorstehende* Krankheit, den *bevorstehenden* Krieg, die *bevorstehende* Krise, die *bevorstehende* Katastrophe. Diese antizipierten Ängste nehmen uns in Beschlag und befeuern eine ganze Industrie, dieses bedrohliche *Bevorstehende* zu verhindern. Das Resultat nennen wir dann Wachstum und Fortschritt. Mit atemberaubender Geschwindigkeit vergessen wir, das *Bestehende* zu würdigen, und werden zu Betroffenen unserer Abwehr; wir schaffen uns letztlich vielleicht sogar selbst ab. Denn ohne die beständige Hinwendung zu unserem Ich und ohne die ständige Rückbesinnung auf unsere eigentlichen Wünsche und Bedürfnisse – nämlich das Bedürfnis nach Nähe, nach Anerkennung, nach Gemeinschaft und Zugehörigkeit, nach Aufgehobensein – werden wir Gefangene unserer Strategien, die wir einrichten und verfolgen, um der Bedeutungslosigkeit, der Enge unserer Selbstbezogenheit, also der Kastration zu entfliehen.

Wir brauchen ein neues Narrativ, ein neues Selbstverständnis, das unserem Potenzial und seiner Gestaltungsmacht gerecht wird. Wir brauchen den intersubjektiven Raum, der nicht mehr auf Herrschaft beruht. Wird eine solche Beziehungsform bereits dem Säugling angeboten, dann muss dieses Kind auch keine Abwehrstrategien entwickeln, weil es nicht den Wünschen und Erwartungen anderer zu dienen hat. Es muss sich nicht manipulativ in die Wünsche der anderen einnisten, nicht nach Bedeutung streben, um seine Bedeutungslosigkeit wettzumachen, nicht nach Allmacht gieren, um der Ohnmacht zu entkommen. Um der narzisstischen Bedürftigkeit zu entkommen, brauchen wir die Anerkennung des anderen als Nicht-Ich und umgekehrt. Damit ist eine Gleichwertigkeit hergestellt und keiner, keinem mehr mangelt es an Bedeutung und Anerkennung seines Ich.

### *Konventionen erschweren Authentizität*

Wenn ich behaupte, dass unsere Gesellschaft eine Opfergesellschaft sei, dann komme ich nicht umhin, auch zu behaupten, sie sei eine Gesellschaft von Verleumdern und Verleugnerinnen. Mit anderen Worten: Es mangelt ihr beziehungsweise uns allen an Authentizität im Umgang mit anderen Menschen. Wir spielen und übernehmen Rollen, die sich in den jeweiligen Kontext der anderen einpassen, sich geschmeidig darin einfügen, um so einen gesellschaftlichen Konsens der Konventionen zu erhalten und zu stabilisieren. Die bestehende »Ordnung« darf nicht durcheinandergeraten infolge von Individualität und Emotionalität. Um ein Bild aus dem Alltag zu bemühen: In manchen Restaurants, Läden, Geschäften, beim Coiffeur etc. ist die Radiomusik so laut aufgedreht, dass es uns viel Stimmkraft abverlangt, um sie zu übertönen, und eine hohe Konzentration des Gehörs, um unser Gegenüber zu verstehen. Damit bleibt kaum mehr Kraft für die Feinheiten eines Gespräches.

Frau Ernst fand ihre Freundin und Geschäftspartnerin tot in ihrer Wohnung und war darob noch Wochen später sehr betroffen. Sie befürchtete, dass sie in einer Arbeitssitzung, in welcher der Tod zur Sprache käme, wieder in Tränen ausbrechen würde; das wäre doch höchst unprofessionell und würde keinen guten Eindruck hinterlassen. Mit solchen Konventionen verleugnen wir uns selbst, verleugnet sich Frau Ernst, um ihre Idee von Professionalität nicht aufzugeben. Genauso spielt ein Mensch in der Opferposition eine Rolle, nur geht es hier nicht um Trauer, sondern vielmehr um Aggressionen, die grosszügig an andere delegiert werden. Ein Opfer verleumdet einen anderen Menschen, sagt Unwahres über ihn oder sie. Denn mit der Opferposition wird das Gegenüber in die Position des Täters gebracht, obwohl es kein Täter ist. Das Kind mit dem Wunsch nach einem Eis ist wahrlich kein Täter, wird aber als solcher gespiegelt. Der Mensch in der Opferposition verleumdet dieses Kind, indem er es nicht wahrnimmt in seiner Eigenheit, nicht wahrnimmt als eigenständiges Ich. Nicht nur das: Der Wunsch des Kindes wird verdreht und der Schaden ins Zentrum gerückt, den es damit anrichtet. So wird die Kraft des Wünschens in diesem Kind vernichtet, kastriert.

So wünscht auch Narziss, Echo zu begegnen – aber nur, weil er wissen will, wem die Stimme gehört, die seine Worte wiederholt. Er ist neugierig, wer das sein könnte, zumal er allein in ihm unbekannten Gegenden umherstreift. Die Worte seines Wunsches stellt Echo in einen ganz anderen Zusammenhang, sodass sie ihren Wünschen entsprechen. Und ihr Wunsch geht in eine andere Richtung: Seine Nähe lässt sie erglühen, ihr Herz entbrennt in Liebe. Die Wünsche der beiden könnten also nicht unterschiedlicher sein.

Diese Differenz wird von Echo aufgehoben und zu einem gemeinsamen Wunsch umformuliert. Eine kleine Manipulation der Wörter reicht, um den eigentlichen Sinn in sein Gegenteil zu verkehren und die Aufmerksamkeit weg von Narziss hin zu Echos Wunsch zu lenken, den sie jedoch als gemeinsamen versteht. Der Wunsch des Narziss wird verleugnet, er verschwindet hinter der ihm zugewiesenen Schuld, dass er die Wünsche der anderen nicht befriedige, und er verschwindet hinter der Strafe, die ihn töten wird. Nicht zuletzt werden die Wünsche und Bedürfnisse des Narziss als Verantwortungslosigkeit gebrandmarkt, denn er soll die Verantwortung für die Befindlichkeit der anderen übernehmen, er soll sie glücklich machen.

Vor diesem Hintergrund wird es unmöglich, der Wahrheit mit Logik näher zu kommen; Echo wird immer zur Stelle sein, und niemand kann ihr Verleumdung nachsagen, nutzt sie doch jeweils die Worte der anderen. So hat sie auch immer das letzte Wort. Die Nymphe weist uns auf die Möglichkeit hin, die Worte und Wünsche anderer zu nutzen, um sie geschickt und manipulativ zu ihren eigenen Gunsten zu verdrehen und sich so zum Zentrum der Aufmerksamkeit zu machen. Auch bei Echo ist dieses Verhalten zuerst ein Selbsthilfeversuch, um sich selbst über die geraubte Sprache, die verwehrten Wünsche hinweg zu retten. Solche Selbstrettungsaktionen sind, ebenso wie die des Narziss, im Erwachsenenalter nicht mehr entschuldbar. Denn Erwachsenen eröffnen sich andere Wege, um dem Mangel an Wahrgenommenwerden zu begegnen. Sie können ihn nicht wettmachen, aber einen Ausweg finden, indem sie die Aggressivität hinter ihrer Strafe entlarven, die in jeder Hinsicht ungerecht ist. Die Rache der Göttin Rhamnusia, die sie im Auftrag eines verschmähten Bewerbers ausübt, könnte demzufolge ersetzt werden durch die Entlarvung der eigentlichen Aggressor:innen, der begierigen Nymphen, Männer und Frauen, die in der Folge das Recht nicht mehr auf ihrer Seite wähnen könnten.

## *Von der vorauseilenden Dienstbereitschaft*

Einem Kind oder Jugendlichen können diese Selbsthilfemechanismen jedoch das Leben retten: Echo kann ihrem kastrierten Ich einen Ort einräumen und sie kann dem anderen, in diesem Fall Narziss, der in derselben Not ist, über den Widerhall, über die Verdoppelung seiner Worte Bedeutung zukommen lassen. Sie kann diese Worte bekräftigen, ihnen eine Resonanz verschaffen und damit vielleicht auch seine Wünsche erfüllen. Würde Echos in den Widerhall gelegtes Begehren nach Narziss auch dessen Wünschen entsprechen, würde auch er coeamus anstreben, könnten beide über ihre gemeinsame Not zusammenfinden. Eine solche Ehe kann durchaus bis ans Lebensende halten; die Not muss einfach stets dieselbe bleiben, dann ist der eine für die andere unersetzlich und umgekehrt.

Eine weitere Lesart ist, dass Echo den kastrierten Wunsch des Narziss nach sexueller Vereinigung vorwegnimmt und diesen vorauseilend zu erfüllen versucht, um sich damit für den anderen unentbehrlich zu machen. Sie springt aus dem Wald heraus, »um den ersehnten Hals mit den Armen zu umschlingen«. So kann Bindung hergestellt werden, Bedeutung und Unersetzlichkeit bis hin zu einer lebenslangen Ehe.

Anna Seiler war, als sie zu mir in die Praxis kam, eine 17-jährige Jugendliche, die in einem Bordell angestellt war. Die Wünsche der Männer zu erfüllen wurde zu ihrem Wunsch. Sie sah ihre Arbeit nicht einfach als Möglichkeit, Geld zu verdienen – sie hätte es auch ohne Bezahlung getan. Die Wünsche der Freier zu befriedigen, wurde ihr selbst zur Befriedigung. Sie war vorerst ganz glücklich mit diesem Leben, kam sie doch so zu Bedeutung und Zuwendung. Ihre eigenen Wünsche zu entdecken, wurde zur Aufgabe der Analyse; ein steiniger Weg, denn sie erlebte ausschliesslich dann die Anerkennung ihres Ich, wenn sie das Begehren eines anderen befriedigte, und damit war ihr Ich kontaminiert mit Selbstvernichtung und dementsprechend einem grossen Schmerz. Diese lebensdominierende Prägung aufzuarbeiten, wurde zu unserer gemeinsamen langjährigen Arbeit.

Bis heute hat die alte Mahnung: »Die Männer wollen ja

alle nur dasselbe«, die Frauen einander gerne zutragen und Mütter oft an ihre heranwachsenden Töchter weiterreichen, ihre Wirkung nicht verloren. Das zeigen auch die Vorstellungen, die viele Frauen von Männern haben. Um wieder zum Thema der vorauseilenden Wunschbefriedigung zurückzukehren: Obwohl sein Wunsch nicht klar ist – Narziss will nur wissen, wer hinter dieser Stimme steckt –, bietet ihm Echo den Koitus (coeamus) an. Ist das nun ihr Wunsch, oder will sie einen Wunsch erfüllen, von dem sie annimmt, es sei der seine? Will sie damit ihm Bedeutung verschaffen oder vielmehr sich selbst? Will sie einfach eine Verbindung herstellen? Die Mutter des Piloten wollte – ablesbar an seiner Reaktion – die Wünsche des Sohnes zerschlagen, ihn also kastrieren und auf diesem Weg Bindung herstellen: eine Bindung in Schuld, denn der Sohn war ihr Dankbarkeit schuldig, obwohl er ganz und gar nicht zufrieden mit ihrem Auftauchen und dieser Torte war.

Das kleine Kind findet heraus, dass seinem verkannten Ich Bedeutung zukommt, wenn es die Wünsche seiner Eltern erfüllt. Es entwickelt ein Gespür dafür, um sich Nähe und Aufgehobensein zu sichern. An dieser Stelle nochmals ein kurzer Hinweis auf den Unterschied zwischen Kastration und Frustration: Nur die Kastration, die Vernichtung der Kraft des Wünschens, kann zum Tode führen. Die Frustration hingegen bedeutet nur, dass ein Wunsch nicht erfüllt wird, anerkennt diesen jedoch in seiner Stärke und Kraft. Die kastrierte Echo entwickelt, um dem Tod aus Verzweiflung zu entkommen, mehr Sinn und Gespür für die Bedürfnisse der anderen. Ein solcher Mechanismus kann sich bis ins hohe Alter halten, es ist ein schmerzender

Antrieb des verkannten Ich, um ihm ein Mindestmass an Bedeutung zu verschaffen.

Ein gutes Beispiel ist Frau Steiger: Sie verwendet den grössten Teil ihres Vermögens, ihre ganze Zeit, ja ihr Leben, um Kriegs- und Verbrechensopfern Hilfe zu leisten. Unentwegt ist sie in diesem Engagement unterwegs. Sie erntet Anerkennung, die jedoch in keinem Verhältnis steht zu ihrem finanziellen und zeitlichen Aufwand. Das Missverhältnis münzt sie in ein »Ungenügen« um, und von diesem angetrieben, wird sie noch mehr leisten, noch weitere Kreise ziehen, noch grössere und hilfreichere Ideen umsetzen, noch mehr Geld investieren. Dieses »Anerkennungs-Leck« kann nicht abgedichtet werden mit noch mehr Engagement, es kann lediglich als Leck erkannt und mit der Abschaffung des Mechanismus behoben werden. Viele von uns werden von dem Gefühl angetrieben, nicht zu genügen – heute wird dieser Antrieb mit »Selbstoptimierung« umschrieben. Oftmals fühlen sich bereits die Kinder in der Schule nicht gut genug, man kann immer noch besser werden; und in dieser Atemlosigkeit brennen viele Menschen aus. Selbst die jüdisch-christliche Schöpfungsgeschichte plädiert für den siebten Tag, um auszuruhen, nicht zuletzt auch, um »das Gute« zu geniessen, das in den Tagen zuvor geschaffen worden ist. In der Genesis lesen wir nach jedem Schöpfungsakt dieselben Worte, zum Beispiel in Gen 1,10: »Gott nannte das Trockene Erde und die Ansammlung des Wassers nannte er Meer. Und Gott sah: Ja, es war gut.« Ein Plädoyer gegen den Vorwurf des Ungenügens? Ein Plädoyer für den Genuss an der eigenen Schöpfung?

## *Die frühkindliche Spiegelung*

Die Wünsche, die Narziss zu erfüllen hat, sind, laut Ovid und seinen griechischen Vorgängern, allesamt sexueller Natur. Auch Echo hegt solche Absichten und handelt danach. Ich bin mir nicht so sicher, ob es bei so viel erotischem Begehren auch wirklich in jedem Fall um den Wunsch nach einer genitalen Vereinigung geht. Sex und Macht sind nun mal, lässt sich hier einwenden, dramaturgisch wirkungsvoll und verfehlen seit der Antike bis heute ihre Wirkung nicht, ob nun in Literatur, Film, Werbung etc. Ich tendiere daher dazu, Sex und Macht als bewährte Schablone zu sehen, um von den eigentlichen Wünschen des Menschen abzulenken. Würden diese Wünsche wahr- und ihre Umsetzung ernstgenommen, wären die Folgen sehr viel »dramatischer«, als es etwa in der Unterhaltungsindustrie dargestellt wird. Es würde etliche gesellschaftliche Umwälzungen mit sich bringen, vor allem im herrschaftlichen Diskurs.

Um den Mangel an Anerkennung des frühkindlichen Ich mit seinen Wünschen und Bedürfnissen auszugleichen, braucht es nicht dessen Übertönung mit einem sexuellen Vokabular. Wir benötigen Beziehungsstrukturen, die Narziss einen Raum bieten für sein eigenes Begehren, einen Raum der Anerkennung, damit er aus dem Gefängnis seiner Strafe fliehen kann. Hier besteht eine Ähnlichkeit mit frühkindlichen Nöten, wenn ein Kind sich von der Mutter wegwendet und später in der Adoleszenz ablöst, worauf sich die gekränkte Mutter von ihm abwendet, verschwindet und damit die Beziehung gefährdet. Soll sich das Kind bzw. der junge Erwachsene nun, um diesen Verlust – besser gesagt diesen Bruch – nicht auf sich nehmen zu müssen, der Mutter wieder zuwenden? Soll sich der Pilot über die Geburtstagstorte der Mutter freuen und sie essen, um ihr die Bedeutung als frühkindliche Ernährerin nochmals zu bestätigen?

Ovid schreibt ab Vers 433 über Narziss, der über dem Wasser kniet:

Was du erstrebst, ist nirgends; was du liebst, wirst du verlieren, sobald du dich abwendest. Was du siehst, ist nur Schatten, nur Spiegelbild. Es hat kein eigenes Wesen: Mit dir kam es, mit dir bleibt es, mit dir wird es fortgehen – wenn du nur fortgehen könntest!

So beschreibt Ovid das Gegenüber des Narziss, und wenn wir dieses in ein reales frühkindliches Gegenüber übersetzen, dann erkennen wir den Kern dieser Not: Bindung wird hier allein über die Anwesenheit von Narziss und seine Bezugnahme auf das gespiegelte Ich hergestellt. Sobald er wegschaut oder weggeht, verschwindet es, verschwindet also die Beziehung. In diesem Falle ist »sich trennen« mit Bruch gleichzusetzen. Trennung kann demgegenüber bedeuten, dass eine Beziehung beständig bleibt, dass der Pilot an seinem Geburtstag mit seinen Freunden ein Bier trinken geht und dennoch um eine verlässliche Bindung zur Mutter weiss. Im gegenteiligen Fall ziehen seine Bestrebungen nach Autonomie einen Beziehungsbruch nach sich. Das ist für ein Kleinkind und einen Jugendlichen schwer traumatisch.

Eine schockierende Illustration lieferte in dieser Hinsicht ein amerikanisches Experiment, das eine Zeit lang auf YouTube zu sehen war. Ein Kind im Alter von etwa acht oder neun Monaten spielt mit seiner Mutter, sie haben es lustig zusammen. Dann wendet sich die Mutter ab und nach ein paar Sekunden dem Kind wieder zu, nun jedoch mit einem regungslosen und erstarrten Gesicht. Das Kind ist erstaunt und versucht mit Lächeln, Händereichen und Brabbeln die Mutter wieder in die Beziehung zurückzuholen. Diese bleibt jedoch in ihrer Starre. Nach weniger als einer Minute beginnt das Kind zu schreien und zu weinen, es schreit immer lauter und verzweifelter, und seine Not und Panik überträgt sich auf die Zuschauer:innen dieses Videos. Schliesslich findet man dieses Experiment nur noch schrecklich. Die Anwesenheit einer wichtigen Bezugsperson, welche die Beziehung bricht, keine Verbindung mehr aufbaut und keinen Bindungsversuch des Kindes erwidert, löst eine existenzielle Panik aus, an die sich dieses Kind viele Jahre später noch erinnern wird. So können wir auch den Piloten verstehen, der die Torte in Empfang nimmt und sie vermutlich auch isst. Und so können wir Verständnis für den modernen Narziss aufbringen, der in dieser Beziehungslosigkeit nicht zugrunde gehen will und Strategien entwickelt, um zu überleben.

Was es hier noch anzumerken gilt: Ein Kind kann sich nicht von einer Bezugsperson ablösen, die – wie das Spiegelbild – auf Weggehen mit Weggehen reagiert. Auch in der Adoleszenz kann es sich nicht sukzessive von seinen Eltern entfernen, denn dazu ist eine stabile Beziehung vonnöten, ein anderes Subjekt, das stehen bleibt, wenn das Kind sich von ihm ablöst, und das die Beziehung nicht gefährdet. Eine Trennung, eine eigenständige Entwicklung fällt einem Kind unendlich schwer, wenn dies gleichzeitig bedeutet, dass die Mutter oder der Vater verschwindet. Der

Schritt in die Autonomie darf nie zur Folge haben, dass die Beziehung zu den Eltern verloren geht.

Eine intersubjektive Beziehung anerkennt den anderen in seiner Autonomie, bricht diese Autonomie nicht, kastriert sie nicht mit einem Bruch der Beziehung. Ab Vers 475 schreibt Ovid:

[...] trübte das Wasser mit Tränen, und durch die Bewegung im See wurden die Umrisse unscharf. Als er sah, dass das Bild verschwand, schrie er: »Wohin fliehst du? Bleib und lass mich, du Grausamer, in meiner Liebe nicht allein!«

Die Not eines Kindes, das kein Gegenüber erfahren hat, welches sein Ich mit seinen Bedürfnissen wahrnimmt und anerkennt, ist unbeschreiblich. Das Kind wird grösser, wird erwachsen, und die Not bleibt. Weil uns einerseits das Vokabular – und wegen der Verdrängung oft auch die Erinnerung – fehlt, um solche traumatischen Erlebnisse zu beschreiben, und andererseits betroffene Erwachsene nur schwerlich bereit sind, über ihre eigenen Mängel zu sprechen, ist es einsichtig, dass dieser Urwunsch nach Anerkennung des Ich über eine Sprache abgehandelt wird, die alle Erwachsenen verstehen, das heisst über eine sexualisierte Beschreibung von Begegnung, Beziehung und Bezugnahme.

## *Sex als Ausdruck des verkannten Ich*

Die sexuellen Avancen der Erwachsenen, seien sie Göttinnen oder sterbliche Männer und Frauen, treffen auf einen 16-jährigen Knaben, der sie jedoch allesamt abweist. Wenn wir nun meine Deutung, dass es sich bei Narziss um eine frühkindliche Ich-Verkennung handelt, also eine vor der geschlechtlichen Reife, dann handelt es sich hier um ein Verbrechen. Man darf ruhig von Päderastie sprechen, gerade weil seine frühkindliche Sehnsucht, wahr- und ernstgenommen zu werden, von den Erwachsenen missbraucht bzw. in eine sexuelle Handlung umgesetzt wird, die ihren eigenen Wünschen entspricht. Als weiterer Gedanke wäre zu prüfen, inwieweit die auf den ersten Blick sexuelle Sehnsucht der Erwachsenen sich ebenfalls auf einen frühkindlichen Mangel an Anerkennung, Nähe und Aufgehobensein zurückführen lässt. Eine Sehnsucht, die dann im Erwachsenenleben keinen anderen Ausdruck findet, finden darf, als über die sexualisierte Sprache von Erwachsenen.

In diesem Zusammenhang stellt sich auch die Frage, warum der modische Hang mancher Frauen, viel nackte Haut zu zeigen, nicht erotisch wirkt, sondern im Gegenteil prüde. Unterstützt dieser Eindruck meine Annahme? Diese Frauen senden zwar sexuelle Signale aus, haben aber nicht die Absicht, diese einzulösen, sondern versuchen damit vielmehr, Aufmerksamkeit und Bedeutung zu erzielen. Ob nun der antike Olymp mit seinen unzähligen Liebschaften oder die Werbung, Film- und TV-Branche, Mode, Influencerszene usw. von heute mit all ihren sexuellen Anspielungen und Botschaften – hinter so viel Sex verbergen sich wohl ganz andere, ganz archaische Bedürfnisse, welche die eigentliche Grundlage für Sexualität und deren Genuss wären. Diese archaischen Bedürfnisse entsprechen jedoch kaum dem Sexualvokabular heutiger Erwachsener, das von männlichen Bildern und Attributen dominiert und von Frauen übernommen wird, Attribute wie »stark«, »potent«, »viril« und »tough« für die Männer, »schön«, »jung«, »blond«, »sexy« für die Frauen. Mit der Sexualisierung werden die Menschen nach heutigen Normen erwachsenen-, gesellschafts- und rollengerecht gemacht. Das kann nicht darüber hinwegtäuschen, dass unter dieser Oberfläche die Not des/der Einzelnen durchschimmert. Die Sehnsucht nach Nähe und Intimität, nach Sicherheit und Geborgenheit, die sich nicht mit einem offen gezeigten sexuellen Akt befriedigen lässt, wie wir ihn unentwegt auf der Leinwand oder auf Bildschirmen vorgesetzt bekommen, bleibt subkutan lebendig.

Ebenso lässt die Aufdeckung sexueller Übergriffe auf Kinder in der Kirche, in Heimen und Internaten etc. wie auch die intensive öffentliche Diskussion darüber vermuten, dass es bei den Tätern nicht zuletzt um die Befriedigung frühkindlicher Bedürfnisse nach Zuneigung und Wahrgenommenwerden ging. Das Kind ist ja kein sexuell ebenbürtiger Partner für einen Erwachsenen, doch der Erwachsene kann sich im Kind wiederfinden, in diesen unbefriedigten Bedürfnissen, die in der Folge viel zu oft sexuell ausgelebt werden. Nicht jede sexuelle Handlung mit einem Kind baut auf dessen Abhängigkeit und Wehrlosigkeit auf und kann damit als sadistischer Akt verurteilt werden. Hier müssen wir zu unterscheiden lernen, um auf die gesellschaftlichen Missstände hinweisen zu können. Andernfalls wird das Problem individualisiert, und die Ursache bleibt weiterhin bestehen.

Und einmal mehr: Diese Erklärung soll nicht als Ent-Schuldigung von Erwachsenen aufgefasst werden, die solche Handlungen begehen, sondern vielmehr aufzeigen, welche pervertierten Wege eingeschlagen werden müssen, wenn das gesellschaftliche Narrativ die frühkindlichen Bedürfnisse übertönt und mit sexueller Potenz ersetzt, es also für eine Diskussion über frühkindliche Mängel keinen Platz hat. Dann sucht sich das Bedürfnis nach Anerkennung und Aufmerksamkeit halt andere, sexuelle Wege.

## *Das Streben nach Superlativen*

Die Menschen, die wir heute als Narzissten charakterisieren und nicht selten diffamieren, sind wie Ovids Narziss. Sie suchen nach einem Ausweg aus der Enge des Gefängnisses in sich selber, einen Ausweg aus der Strafe, eingeschlossen zu sein. Auch einen Weg aus der Verlorenheit, der Einsamkeit, aus der Angst vor einem Tod wie demjenigen des Narziss, der an der Glut seines eigenen Begehrens verbrennen musste. Der einzige Ausweg, der sie wirklich entlasten könnte, wäre eine Beziehung, in der sie als eigenständiger Mensch mit seinen Wünschen und Bedürfnissen anerkannt würden. Doch eine Beziehung ist genau das, was sie wie der Teufel das Weihwasser fürchten, ist für sie eine Bindung doch mit der Angst besetzt, den Begierden, Erwartungen und Wünschen der anderen ausgeliefert zu sein.

Neben der Möglichkeit, solche toxischen Beziehungen zu meiden, wird als Ausweg gerne und oft eine Position gesucht, die genügend Aufmerksamkeit und Bedeutung garantiert. Diese Position, die Narziss völlig neue Antriebe verschafft, heisst: ganz oben in der Hierarchie zu sein, der Beste zu sein, die Schönste, der Reichste, die Berühmteste, der Schnellste – ein Leben und Streben nach den Superlativen. Es ist der Ort, wo man gesehen wird, wo man Aufmerksamkeit bis hin zum Neid erwirbt, wo man Anerkennung bekommt. Was Narziss jedoch nach wie vor missen muss, ist der Genuss dieser Aufmerksamkeit und Anerkennung. Denn diese Anerkennung gilt – in Wiederholung der erfahrenen Beziehungsgeschichte – nicht seinem wahren Ich, sondern, bezogen auf den Mythos, der begehrenswerten Schönheit von Narziss, also wiederum seiner Funktion für die anderen, die ihn begehren und wünschen, dass er sich ihnen hingibt. Das Ich braucht aber die Erfahrung, dass die Aufmerksamkeit ihm selbst gilt, und erst wenn das der Fall ist, stellt sich der Genuss ein. Es ist ein nachhaltiger und befriedigender Genuss, der die Einsamkeit und Verlorenheit in Luft auflöst.

Ist dem nicht so, gilt der Genuss der Bedeutung, die Narziss für andere hat; es ist das »Glück«, in den Wünschen und Bedürfnissen der anderen vorzukommen. Aber diese Form der Bedeutung ist nicht nachhaltig; sie muss immer wieder neu erarbeitet, immer wieder neu erworben werden um den Preis, die anderen beglücken zu müssen. So gewannen in Frankreich auch die Ludwige an Bedeutung – weil sie ihren Hofstaat beglückten. So will das Kind alle Erwartungen erfüllen, um seine Bedeutung für die Eltern, Grosseltern, Freunde und Nachbarn nicht zu verlieren. Dass dieser Mechanismus mit einem enormen Druck verbunden ist, liegt auf der Hand. Er bedrängt das Kind gleich zweifach: Zum einen will es die Erwartungen der anderen erfüllen, zum anderen muss es seine eigenen Wünsche und Bedürfnisse unterdrücken.

Um nicht an Bedeutung und Aufmerksamkeit zu verlieren und damit das Ich wieder der Einsamkeit preiszugeben, muss die Position im Superlativ, etwa die Stelle an der Spitze einer Hierarchie, mit allen Mitteln verteidigt, ja wenn immer möglich sogar erhöht werden. Der Antrieb eines neugierigen und potenten Ich ist der Wunsch, an der Welt gestalterisch teilzuhaben und mitzuwirken, anderen Menschen zu begegnen, sich mit ihnen auseinanderzusetzen, mit ihnen Konflikte auszutragen und zu verhandeln, Begehren zu verwirklichen. Beim Narziss in der »superlativen Funktion« verdreht sich dieser Antrieb in einen einzigen Wunsch: nicht verloren zu gehen. Mit anderen Worten: Er muss sich immer wieder mit Bedeutung für die Wünsche und Bedürfnisse anderer aufladen, indem er diese befriedigt.

### *Abhängigkeit und Manipulation*

Die französischen Ludwige verstanden es, sich für einen ganzen Hofstaat – und Versailles war nicht klein – unentbehrlich zu machen, dessen Begehrlichkeiten und Begierden wahrzunehmen und möglichst zu erfüllen. So befriedigten sie die Günstlinge und Hofdamen, machten sie glücklich und zufrieden. Auf diese Weise vermochten sie den Hofstaat abhängig von sich zu machen und an sich zu binden, doch letztlich waren auch sie, die Könige, vom Hofstaat abhängig, denn ohne ihn wären sie der Verlorenheit und Einsamkeit ausgeliefert gewesen, in sich eingeschlossen; sie wären ein Niemand gewesen und ob ihrer Bedeutungslosigkeit verzweifelt.

Von Abhängigkeit geprägte Beziehungen verdienen besondere Aufmerksamkeit. Sie stehen in ihrer Struktur einer intersubjektiven Bindung diametral entgegen, denn diese beruht – wie bereits erwähnt – auf der Anerkennung der Differenz, auf der Erkenntnis, dass jedes Gegenüber anders ist als ich und nicht unter oder über mir steht oder abhängig ist von mir. Das ist in meinen Augen auch der einzig gültige Freiheitsbegriff: Alle anderen sind Nicht-Ich. Beruht Freiheit nicht auf der Idee, dass wir unsere Wahrheiten nicht anderen aufzwingen oder die Wahrheiten der anderen nicht von diesen aufgezwungen bekommen? Diese Haltung macht uns frei von symbiotischen Vereinnahmungen: die Haltung, dass zwischen meinem Ich und dem anderen Du Grenzen bestehen und dass uns nur die gegenseitige Anerkennung unserer Differenz verbindet. Demgegenüber macht uns eine Beziehung in Abhängigkeit unfrei; ihr einziger »Vorteil« ist, dass wir sie als »gesichert« empfinden. Gesichert ist sie zumindest solange, wie die Abhängigkeit anhält – so wie die Abhängigkeit des Rauchers und der Raucherin den Absatz von Zigaretten sichert; sinkt er, werden Werbemassnahmen ergriffen.

Auch der Ovidsche Narziss ist unfrei. Ihm sind die Hände gebunden: Entweder erfüllt er die Wünsche der anderen oder er bleibt mit sich allein. Seine Aggressionen im Dienste des Ich werden ihm genommen, also genau die Kräfte, die ihn befähigen, sich der Welt zuzuwenden, seinen Bedürfnissen Raum zu verschaffen und Teil der Gemeinschaft zu werden. Wie soll er sich nun wehren, sich für sich selber einsetzen? Rundherum der Widerstand gegen sein Verhalten, die repressive Ablehnung seiner Bedürfnisse, der Anspruch, sein Ich in die Dienste anderer zu stellen. Wir können diese Ansprüche – hier erotisch-sexuelle – ohne weiteres ausdehnen auf Erwartungen jeglicher Art, so zum Beispiel Erziehungsvorstellungen von Eltern, Leistungsziele in der Arbeitswelt, Statusanforderungen einer bestimmten Gesellschaftsschicht, den Druck, sich der bestehenden Triebkontrolle anzugleichen, und vieles mehr.

Werden wir der Möglichkeit beraubt, uns für uns selbst einzusetzen, wehrhaft zu sein, dann suchen sich unsere Aggressionen im Dienste des Ich andere Wege, um das Ich mit seinen Bedürfnissen dennoch zur Geltung kommen zu lassen. Narziss ist ja beigebracht worden, dass er, wenn er sich zur Wehr und für seine Bedürfnisse einsetzt anstatt für jene der anderen, diesen anderen schadet, und zwar so sehr schadet, dass sie – in unserem Beispiel Echo – deswegen sterben. Es liegt folglich nahe, dass er andere Formen der Wehrhaftigkeit suchen muss, um seinen Platz einzunehmen und zu verteidigen und nicht in Schuld, gar die Schuld eines Mörders verstrickt zu werden. Sein neuer Weg bewährt sich; nun macht er die Erfahrung, dass er diese Aggressionen in aller Unschuld und straffrei einsetzen kann, wenn er sich selber aus dem Spiel nimmt, wenn er seine eigenen Wünsche bedeckt hält und das Gegenüber so zu kontrollieren und zu manipulieren beginnt, dass er diese doch noch erfüllen kann. Er »regiert« das Draussen, die anderen, weil er nicht über sich selber bestimmen darf, ohne schuldig zu werden.

Auf den ersten Blick scheint dieser Ausweg vernünftig und gangbar. Es ist gleichzeitig auch ein Weg, der dazu verhelfen kann, eine den Geboten und Verboten angepasste Beziehungsform zu etablieren, um nicht in solch grausamer Einsamkeit zu enden wie der Narziss der Antike. Dementsprechend brauchen Narzisse für diese Manipulationen das geeignete Publikum, zumindest aber einen Menschen, der sich diesem manipulativen Verhalten anpasst und darin Zuflucht und Sicherheit findet, der über das Geführtwerden Geborgenheit und Zugehörigkeit verspürt. Dieser Mensch findet darin Halt, weil er ein Teil der Interessen des Gegenübers wird, denn nur so fühlt er sich zugehörig, nur so erfährt er Schuld- und Straffreiheit. Wer das Draussen regieren will, braucht also ein Draussen, das aus denselben Motiven das Regiertwerden gerne annimmt: um nicht bestraft zu werden für das Eigene.

So finden wir auf beiden Seiten solcher Beziehungen dieselben Strukturen, Strukturen, die beruhigen, weil die Aggressionen im Dienste des Ich beiderseits verdeckt bleiben können und sich die Beziehung somit sichern, also die Einsamkeit und Verlorenheit in Grenzen halten lässt. Das Ich wird auf beiden Seiten in den bestehenden Bindungs- und Machtverhältnissen eingerichtet und konsolidiert. Die Aggressionen im Dienste des Ich finden nunmehr in der Deckung und im Rückzug einen Ort und ihre Pervertierung in destruktive Kräfte einen Ausdruck. Denn das Regieren und Kontrollieren der Aussenwelt ist in jedem Falle übergriffig, entzieht es doch dem anderen seine Eigenmächtigkeit.

Ein potentes, selbstverantwortliches und seiner selbst mächtiges Ich zu entwickeln, wie wir es im intersubjektiven Diskurs kennen, ein Ich, das sich kraft seiner konstruktiven Aggressionen auszudehnen und in die Welt einzuschreiben vermag, ist da nicht möglich. Es kann sich hier nur partiell über die Manipulation ausdehnen. Die Manipulation bleibt ein Instrument all derjenigen – und das sind wir mehr oder weniger alle –, die ihre Wünsche und Bedürfnisse nicht mit der Kraft und Energie der Aggressionen im Dienste des Ich durchsetzen können, sondern sie bedeckt und verschleiert anzubringen versuchen. Das Beste für seine Kinder zu wollen beispielsweise deckt sich oft nicht mit dem, was für die Kinder das Beste ist. Daher wird gerne zur Manipulation gegriffen: »Es ist ja nur zu deinem Besten, wir meinen es nur gut mit dir.« Welches Kind kann dem widerstehen?

### *Unschuld und Schuld*

Hinzu kommt, dass mit der Wahl solcher Beziehungsformen und Auswege die Verantwortung für die Aggressionen im Dienste des Ich nicht übernommen werden muss – sie werden ja offensichtlich nicht genutzt, weil ihr Einsatz gemäss der bisherigen Erfahrung mit Vorwürfen verbunden war. So ist es nicht verwunderlich, dass wir uns alle als gute Menschen verstehen, als Unschuldslämmer, die keinem Menschen ein Haar krümmen und nie Böses tun könnten. Und doch führen wir – oder auch Machtträger in unserem Namen – Kriege, liefern Waffen und verhängen dramatische Sanktionen.

Echo hat die Verantwortung für ihr Begehren, das sie vergeblich auf Narziss richtete, nicht selber übernommen. Sie hat es Narziss überantwortet bzw. ihm überlassen, dieses zu stillen. Sie hätte sich angesichts der Fruchtlosigkeit ihrer Annäherungsversuche auch von Narziss ab- und anderen Menschen oder Göttern zuwenden können, um ihr Bedürfnis zu befriedigen. Doch dafür braucht es die Aggressionen im Dienste des Ich, die auch Echo im Ovidschen

Epos nicht straffrei nutzen durfte. Denn wie kann sie, ihrer Sprache beraubt, ihren Wünschen Ausdruck verleihen? So wählte auch sie die Manipulation.

Wer seine konstruktiven Aggressionen für die eigenen Wünsche und Bedürfnisse nutzt, stellt sie nicht in den Dienst anderer, ausser er wird darum gebeten und erachtet es als sinnvoll. Wenn man diesen Gedanken zu Ende denkt, heisst das letztlich auch, sich herrschaftlichen Verhältnissen zu widersetzen, die von uns verlangen, unsere Bedürfnisse stets hintan zu stellen: hinter die Anforderungen der Staatsräson, religiöser Diktate, sinnentleerter Hierarchien in der Arbeitswelt etc.

Manipulationen können mit einer derartigen Gnadenlosigkeit und Brutalität vorangetrieben werden, dass ganze Gesellschaften daran zugrunde gehen. Die Kriegspropaganda bedient sich eines manipulativen Instrumentariums, um die Menschen für ihre eigenen Interessen einzuspannen. Manipulation und Kontrolle sind Machtinstrumente, und hinter dieser Macht verbirgt sich stets ein Ohnmächtiger, ein Mensch, der seine Aggressionen im Dienste des Ich nicht nutzen darf. Eigentlich muss man hier von Allmacht sprechen, denn Macht über andere Menschen zu haben entspricht einem Allmachtsanspruch. Auch hier gilt einmal mehr: Diese Erklärung ist nicht als Reinwaschung von Menschen mit Allmachtsanspruch zu verstehen. Vielmehr will ich einem sehr üblichen Phänomen auf die Spur kommen, einem Mechanismus, dessen wir uns alle bedienen, weil wir alle Ohnmachtsgefühle in uns tragen. Und diese Erkenntnis kann helfen, uns zu verändern, uns darin zu üben, die Aggressionen im Dienste des Ich wieder in die eigenen Hände zu nehmen. So könnten wir unsere Ohnmachtsgefühle in eine Eigenmächtigkeit verwandeln, nicht im destruktiven Sinne der Allmacht, sondern im konstruktiven Sinne einer Menschlichkeit, die andere Menschen nicht mehr unter Kontrolle bringen will, sondern mit ihnen im intersubjektiven Raum streiten, diskutieren und verhandeln möchte. Auf diese Weise könnte es uns schliesslich gelingen, ein neues Narrativ zu etablieren. Auch würden so die Einsamkeit des Ohnmächtigen wie die Einsamkeit des Allmächtigen zugleich verschwinden.

Apropos Schuld: In einem Restaurant wurde ich Zeugin der folgenden Szene. Ein Bub, zirka fünf Jahre alt, wollte nicht essen, was serviert wurde, und er wollte schon gar nicht fertig essen. Seine Grossmutter sagte zu ihm mit weinerlicher Stimme: »Wenn du nicht aufisst, machst du Oma ganz traurig.« Diese Aussage ist eine klare Drohung, die Ausübung von Druck mittels Manipulation. Denn ein Kind will keinesfalls sein Gegenüber traurig machen; diese Schuld kann es sich nicht aufladen. Also isst es. Diese Grossmutter hätte auch autoritär durchgreifen und befehlen können: »Jetzt wird gegessen. Punkt. Ohne Widerrede.« Der Bub wäre wütend gewesen, hätte jedoch gehorcht und dabei gelernt, dass er wütend werden darf, ohne die Beziehung zur Oma zu gefährden. Mit ihrem autoritären Durchgreifen würde sich allenfalls die Grossmutter schuldig fühlen, übergeht sie doch den Wunsch des Enkels. Und vermutlich hat sie selbst in ihrem Leben keine guten Erfahrungen gemacht, wenn sie eine klare Ichposition eingenommen hatte. So tradiert sie mit ihrer Opferposition ihre eigene Erfahrung.

Das Beispiel dieser Grossmutter zeigt, auf welche Weise die konstruktiven Aggressionen im Dienste des Ich in ein manipulatives und kontrollierendes Verhalten pervertieren können, nur um das eigene Ich in Unschuld zu halten. Ihre Kontrolle weitet sich aus und wird nun Teil der Beziehung zu ihrem Enkel, macht sie klebrig, unfroh und schwer. Demgegenüber würde eine Reaktion der Grossmutter mittels der Aggressionen im Dienste des Ich die Kontrolle auf einen einzigen Akt legen: den klaren Befehl an den Enkel, jetzt endlich aufzuessen. Dank dieser Klarheit bliebe es dem Enkel erspart, fortan stets auf die Befindlichkeit der Oma zu achten und sein Verhalten danach auszurichten. Die Vermittlung von Schuldgefühlen, um selbst unschuldig zu bleiben, würde nicht mehr zum Beziehungskitt. Stattdessen wäre die Beziehung geprägt von der Freude über eine autonome Freiheit, die nun ihren Platz finden kann, von Freude auch über den gefahrlosen Ausdruck von Wut und Ärger, der Teil der Beziehung ist.

Die Position der Unschuld ist in diesem Kontext sehr wichtig: Die Grossmutter muss sich beweisen und will sich gleichzeitig selber beruhigen mit der Versicherung, dass sie nicht böse ist, denn mit einem klaren Befehl hätte sie sich schuldig gefühlt, mit der Opferposition, mit der moralischen Erpressung jedoch nicht. In diesem Sinn ist Narziss womöglich nicht nur am Feuer seiner Libido gestorben, sondern vermutlich auch an seinen Schuldgefühlen. Wer, wie hier die Grossmutter, die Rolle eines Opfers spielt, dem geht es darum, Unschuld und Ich-Position miteinander zu vereinbaren. Für den antiken Narziss hätte dies bedeutet, dass seine autonome Entscheidung, sich die anderen vom Leibe zu halten, weder Schuld noch Strafe, geschweige denn die Todesstrafe nach sich gezogen hätte, sondern dass er seine Unschuld hätte bewahren können.

Apropos Opferposition: Wir alle – schon Kinder – kennen und nutzen die Möglichkeit, Kopf- oder Bauchweh vorzutäuschen, wenn wir eine Erwartung, eine Aufgabe nicht erfüllen wollen. Früher fielen manche Frauen in Ohnmacht, und das vermutlich nicht nur des engen Korsetts wegen. Die Opferrolle ist ein wichtiger Ausweg für einen Narziss, der nicht die Todesstrafe nicht auf sich nehmen, nicht sterben will. Er kann damit seine Aggressionen doch noch in den Dienst des Ich stellen, einfach hintenrum, pervertiert.

Der Opferdiskurs ist in unseren Breitengraden sehr üblich und erfreut sich einer grossen und langen Tradition. Gerade weil es so alltäglich und allgegenwärtig ist, lässt dieses Phänomen den Schluss zu, dass wir die Möglichkeit hätten, etwas daran zu verändern. Zum Beispiel in Richtung mehr Unabhängigkeit und Freiheit; nämlich die Freiheit, dem Gegenüber anders zu begegnen als im Modus der Bedrohung und Manipulation. Eine Begegnung als Widerstreit zweier voneinander unabhängiger Menschen wäre auch kreativer, spannender und dementsprechend lustvoll. Solange wir unsere Aggressionen im Dienste des Ich nutzen, begegnen wir anderen Menschen mit Offenheit und Neugierde – wie sie bei Kindern zu beobachten sind –, weil unsere Bedürfnisse nicht gefährdet sind, weil unser Nein und unser Ja anerkannt wird und straflos bleibt, vielleicht nicht gerade goutiert, aber anerkannt. Das reicht.

Andernfalls bemühen wir weiter die Opferposition und werden zu traurigen Grossmüttern oder Menschen mit Helfersyndrom und setzen so das Gegenüber mit unseren pervertierten Aggressionen im Dienste des Ich unter Druck. Aus der Opferposition erwachsen oftmals Altruist:innen, die mit allen anderen Opfern solidarisch sind, die

Hilf-Reichen. Sie unterscheiden sich von einem wirklich solidarischen und unterstützenden Verhalten darin, dass sie ihre Bedürfnisse verwirklicht haben möchten und nicht diejenigen anderer. »Das Gegenteil von gut ist gut gemeint« – diese Redewendung gibt einen Hinweis auf die Aggressivität, die dem Gutmeinen unterlegt ist. Diejenigen, denen geholfen wird, haben sich den Anliegen derjenigen zu unterwerfen, die es gut mit ihnen meinen. Sogar ein Krieg kann damit legitimiert werden, dass Unschuldige geschützt würden. Jegliche Form der Kriegsrhetorik, die auch in zivilen Bereichen, etwa in der Politik und anderen Gebieten zu finden ist, nutzt zur Legitimierung ihrer Vorgehensweise die Opferposition, die Unschuld und das fürsorgliche Gutmeinen, um manipulativ die eigenen Interessen durchzusetzen.

### *Eine Welt im Krisen- und Bedrohungsmodus*

Ohne die Aggressionen im Dienste des Ich empfinden wir die Welt und andere Menschen als Bedrohung. Es ist, als ob uns die Muskulatur fehlte, um uns in der Welt zu bewegen. Ohne diese Muskulatur sind unsere Handlungen unweigerlich mit Angst kontaminiert, und wir sehen die Welt als Bedrohung. Es gibt hier durchaus Parallelen zum gegenwärtigen gesellschaftlichen Kanon der Aussichtslosigkeit und der Bedrohungen, seien diese nun kriegerischer, atomarer, klimatischer, pandemischer, sozialer oder wirtschaftlicher Natur. Es scheint, dass wir das Leben mehrheitlich über die Schablone der Bedrohung und des Ausgeliefertseins wahrnehmen und nicht mehr affirmativ, neugierig und lustvoll. Die Angst hat uns im Griff.

Die Manipulation ist, wie wir gesehen haben, ein nützliches Instrument, um die Welt nach unserem Gusto zurechtzubiegen. Bildlich kann man sich darunter etwa Eltern vorstellen, die einen Apfel für ihr Kind zuerst in ihrem Kauapparat zerkleinern, um ihn dann als Brei auf einen Löffel zu geben und dem Kind zu verfüttern. Positiv gesehen, helfen die Zähne der Eltern dem noch zahnlosen Kind – so wie es in der Natur oft zu beobachten ist. Im manipulativen Sinn jedoch wird das mahlende Gebiss genutzt, um die Welt und die Mitmenschen zu zerhacken, weil sie bedrohlich geworden sind. Diese Aggression findet sich in jeder Form von Manipulation, also jeder Opferrolle. Es geht dabei immer darum, die Ich-Position des anderen zu vernichten, um ihn unschädlich zu machen, indem ihm der Zugriff auf die eigenen Aggressionen im Dienste des Ich verwehrt wird.

Ohne die Muskulatur für die Ich-Befähigung antworten wir auf die Welt im Bedrohungsmodus und sehnen uns nach einer Führung, die uns Sicherheit, Wohlbefinden und Stärke garantiert. Einer Führung, die verspricht, unser Bedürfnis nach Schutz und Aufgehobensein zu erfüllen. So bedingen sich Führer und Geführte gegenseitig; beide versuchen derselben Not zu entkommen, denn beide entbehren ihrer Muskulatur. Der einzige Unterschied: Der eine wandelt seinen Muskelschwund in Allmachtsfantasien um, er strebt nach Macht über andere, über das draussen, und sei es nur mit muskelarmer Protzerei –, und die andere setzt sich in den Seitenwagen, um daran partizipieren zu können.

Unter diesen Umständen verliert sich die Dringlichkeit, das narzisstische Elend anzugehen und aufzulösen, denn es lässt sich ja umgehen. Und wenn, um Eduard Fuchs nochmals zu zitieren, »die historische Situation die fürstliche Selbstherrlichkeit gebiert«, also die Flucht der Männer und Frauen mit Muskelschwäche in die Allmacht bzw. Abhängigkeit gelingt, dann gibt es keinen offensichtlichen Grund, diese Dynamik zu verändern. Es sei denn, die innere Verkümmerung und Entfremdung von sich selber, die diese Rollen mit sich bringen, würde als schmerzhaftes Leiden ernstgenommen. Diese Erkenntnis könnte eine Sehnsucht nach Unbeschwertheit auslösen und diese Dynamik erschüttern.

Sei es in der Politik, Gesellschaft, in der Arbeitswelt oder in den zwischenmenschlichen Beziehungen – die meisten Allmachtsfantasien und Allmachtspositionen bergen die Idee in sich, dass ein Opfer gerettet werden muss, wer auch immer als Opfer bezeichnet werden mag. Denn angesichts der allgegenwärtigen Krisen- und Bedrohungsängste wird die Rettung der Opfer zu einem starken Denk- und Handlungsantrieb. Und nicht zu vergessen ist in diesem Zusammenhang das florierende Rettungsgeschäft: Der Muskelschwund macht sich bezahlt, nicht zuletzt für die Pharmaindustrie und schliesslich auch für die Rüstungsindustrie, sollte die Rettungsabsicht zu Krieg führen. Das Rettungscredo verläuft nach dem stets gleichen Schema der Aneignung von Macht, Besitz und Reichtum. Selten aber wird Rettung durch die Aufgehobenheit in einer intersubjektiven Beziehung thematisiert.

Zurück zu Narziss: Auch er wird sich, um nicht an seiner Muskelschwäche zu sterben, in Allmachtsfantasien und Allmachtshandlungen retten. Damit entgeht er dem Tod und kann sich – wie auch die französischen Ludwige – im

Seitenwagen eine Entourage erhalten, die seine Einsamkeit und Bindungslosigkeit abfedert. Demgegenüber ist es für Menschen, die eine gut entwickelte Muskulatur ihr Eigen nennen, entbehrlich und unnötig, Macht über andere zu haben.

Das Bild im Kleinen in grössere Dimensionen gestellt, können wir nun auch verstehen, dass sowohl Kriege als teilweise auch politische Massnahmen ihre Legitimation daraus beziehen, dass sie sich auf eine von Allmachtsfantasien gespeiste Rettung der Opfer berufen, die mit der ebenfalls von Allmachtsvorstellungen geprägten Projektion einhergeht, zu wissen, was die Opfer brauchen und was für sie gefährlich ist. Es handelt sich also um eine Grenzüberschreitung, um eine Verkennung der Souveränität der »geretteten« Individuen, um eine Vernichtung ihrer Subjektivität und ihre Umwandlung in ein Opfer. Das alles auf dem Hintergrund der Erfahrung, der eigenen Potenz beraubt worden zu sein.

## *Das unentbehrliche Ich*

In der psychoanalytischen Praxis kennen wir das Phänomen der Parentifizierung: Ein Kind ist gezwungen, für seine Eltern eine elterliche Funktion zu erfüllen, um diese aus ihrer Ohnmacht zu befreien, sie zu retten, zu beruhigen. Es versucht sein Bestes, weil es sich damit mehr Aufgehobensein verspricht. Doch der Auftrag überfordert ein Kind in jeder Hinsicht, es ist ihm nicht gewachsen, ausser es kennt die Abwehrstrategie, sich allmächtig zu fühlen, und kann dementsprechend die ihm auferlegte Rolle übernehmen. Diese Allmachtsposition wird ihm letztlich auch zugewiesen, muss dieses Kind doch die Verantwortung für die Eltern übernehmen, die eine Generation älter sind und eigentlich Vorbilder sein müssten. Das Kind selbst würde sich diese Funktion nie selber aussuchen, hat es doch ganz andere Bedürfnisse und Wünsche. Doch in diesem Fall lernt Narziss schon in seinen frühen Lebensjahren, die Erwartungen anderer zu erfüllen. Würde er sich gegen dieses Ansinnen wehren, fiele er aus dem warmen Nest in die Verlorenheit und Bindungslosigkeit und müsste mit sich allein zurechtkommen.

Die Ludwige wurden in diese Rolle hinein geboren, nur dass nicht die Eltern, sondern ein ganzer Hofstaat Schutz, Aufgehobensein und eine gesicherte Existenzgrundlage wünschte. Die Könige erfüllten dessen Bedürfnisse und erfuhren auf diese Weise, wie unentbehrlich sie waren. Diese Form der Bindung – die Unentbehrlichkeit für andere – kann die fehlende intersubjektive Beziehung ersetzen. Im Lauf der Zeit wird man hier weder im kleinen Kreis noch im gesellschaftlichen Bereich unterscheiden können, welche Beziehungen das Ich bzw. das Du, also den Menschen meinen, und welche der Rolle des jeweiligen Gegenübers zuzuschreiben sind. So verschwindet das Ich immer mehr; Sicherheit und Geborgenheit werden in den Rollen gesucht, die mit Macht, Geld, Reichtum und Ansehen verbunden sind. Nicht nur die französischen Könige zeugen davon, sondern auch der heutige politische und gesellschaftliche Diskurs. Attribute wie »weise«, »fürsorglich« und »behutsam« sind am Verschwinden. Zugleich nehmen die Gefühle der Verlorenheit, der Einsamkeit und der Verzweiflung zu, und ihre Beruhigung wird unter anderem im übermässigen

Konsum, in der Selbstoptimierung und in der Pharmazie gesucht.

Aus der verweigerten Anerkennung des kindlichen Ich und der Erwartung, dass dieses Ich der Bedürfnisbefriedigung anderer dienen soll, erwächst sowohl eine individuelle als auch eine gesellschaftliche Beziehungsstruktur, die uns Bindung über die – selbst gewählten und zugewiesenen – Rollen erfahren lässt, also unter Ausschluss des Ich und damit unter Ausschluss von Genuss, Freude und Befriedigung. Dieses Ich bleibt mit sich allein, in sich ab- und eingeschlossen; es verschwindet immer mehr und wird vielleicht letztlich nicht einmal mehr als existent wahrgenommen.

In dieser erdrückenden Enge passt sich das negierte Ich sowohl der Enge als auch den Verboten an. Die Perversion, der Um- und Ausweg, findet, wie bereits angesprochen, ihren Ausdruck in sexuellen Praktiken wie etwa der Pädophilie, dem Sadomasochismus, exzessiver Onanie und anderen mehr. Dabei wird Lust meist in Verbindung mit Gewalt und Qual erlebt, wobei es sich hier um dieselbe Art von Gewalt handelt, die Narziss in diese Enge gedrängt hat. Die pervertierten Aggressionen im Dienste des Ich verleihen der Lust also einen selbstdestruktiven Anstrich.

Klar ist: Die Perversion erwächst aus der Enge des Ich, ihre Wiege ist derjenige Ort, der Narzissen zugewiesen wird, weil sie die Wünsche anderer nicht befriedigen. Diese Enge wiederum setzt den gesellschaftlichen und sexuellen Diskurs: Erregung und Genuss sind mit Schmerzen und Leiden verbunden, und damit kann die Qual der Einsamkeit übertönt werden.

## *Verehrung und Bewunderung garantieren Bedeutung*

Die Einsamkeit der Narzisse bleibt bestehen, selbst wenn sich diese mit der Übernahme einer Rolle einen Ausweg aus der tödlichen Enge geschaffen haben und so eine Bestätigung erhalten. Ihr Ich verkümmert trotzdem immer mehr, die Rolle kann diese Not nicht lindern. Im Gegenteil, mit wachsender Bestätigung wird sie grösser. Folglich versuchen Narzisse nicht selten, ihre Anerkennung und Bedeutung in dieser Rolle zu steigern und so ihre Not zu übertönen. Diese Notstrategie macht die heutigen Narzisse unbeliebt in ihrer Umgebung, denn sie werden es nicht akzeptieren können, dass auch ein Gegenüber eine Bedeutung haben kann. Dies aus dem einfachen Grund, weil sie sich durch dessen Auftreten selber vernichtet fühlen. Sobald ein anderer an Bedeutung gewinnt, ist die eigene Bedeutung vernichtet. Sobald der Ovidsche Narziss seinen Kopf zu heben wagt, stösst er auf begierige Freier:innen, und sein Ich verschwindet in deren Erwartungen. Also müssen Narzisse die Bedeutung, die sie erkämpft haben, schützen und bewahren. Sie müssen stets darauf bedacht sein, dass ihr Anerkennungs- und Wichtigkeitslevel nicht sinkt, sondern möglichst noch gesteigert werden kann, damit sie nicht Gefahr laufen, in die Bedeutungslosigkeit und Verlorenheit zu fallen.

Eine sichere und gefragte Möglichkeit, um den Grad an Anerkennung zu steigern, ist das Ziel, irgendwelche Zustände zu verbessern, irgendjemandem Gutes zu tun und irgendjemanden vor irgendwas zu retten. Seien es gesellschaftliche Minderheiten, wirtschaftliche und politische Interessen, Ökosysteme und Klima, die Gerechtigkeit oder ganz einfach die Welt – es findet sich immer etwas, für das gekämpft und das gerettet werden muss. Zu retten sind jedoch immer andere und das Aussen, nie das eigene Ich. Dessen Bedeutung wird als zu gering erachtet, um gerettet zu werden. Kämpfen, retten, das Richtige und Gutes tun verhilft zu Bedeutung und nicht selten zu Macht und Reichtum, selbst wenn der Preis dafür ein Krieg ist. Dieses Rettungscredo wiederum verweist auf das Bild eines verwundbaren, ausgelieferten und wehrlosen Menschen – ja einer ganzen Gesellschaft. Dieses Bild entspricht jedoch nicht der Realität, und wir sollten es vermeiden, uns damit zu identifizieren.

Um begrifflich präzise zu sein, müssten wir, statt von Anerkennung, von Verehrung sprechen. Diese gilt jedoch der Rolle, nicht dem eigentlichen Ich. Die Sehnsucht der Narzisse nach Anerkennung ihres wahren Ich bringt sie jedoch in die Nähe ihres eingeengten und vernichteten Ich, in die Nähe des Verletzungsschmerzes, dem zu entfliehen ihnen ja gerade gelungen ist. An diesen Ort zurückzukehren wünschen sie sich verständlicherweise nicht.

Verehrt zu werden, als unersetzlich und bedeutungsvoll zu gelten, ermöglicht ihnen demgegenüber, ihren Bedeutungsgrad beizubehalten oder gar zu steigern, ohne dabei ihren Wunden zu nah zu kommen. Denn eine Idealisierung hat nie etwas mit dem eigentlichen Ich zu tun. Im Gegenteil: Die Rückseite der Idealisierung ist die Entwertung des eigentlichen Ich, das im Ideal gar nicht vorkommt. Somit wiederholt sich in der Abwehr, also im Versuch, alles zu tun, um von anderen verehrt und bewundert zu werden und so der Bedeutungslosigkeit zu entkommen, gleichsam die Vernichtung des Ich. Ein Teufelskreis.

Der Schweizer Ethnologe und Psychoanalytiker Mario Erdheim schreibt in seinem Buch *Die gesellschaftliche Produktion von Unbewusstheit*, dass »Ludwig XIV Versailles schuf wie Gott die Welt, damit sie ihn verehre«. Die Verehrung kann am schmerzenden Kern des Ich vorbeigleiten und dieses Ich dennoch mit Bedeutung füttern. Der Genuss dieser Verehrung und Bewunderung ist jedoch vernachlässigbar, da es das Ich, also einen Bezug zu sich selbst braucht, um sie auskosten zu können. Auch sind Bindungen, die dieses Muster aufweisen, nicht verlässlich und gewährleisten keine Loyalität, da es ihnen an Authentizität mangelt. Es sind Beziehungen zu Rollen, zwischen Gerüsten ohne Ich.

### *Die Sehnsucht nach Versailles*

Die Welt des Hofes von Versailles war klein, übersichtlich und kontrollierbar. Der Park hatte seine Grenzen, so auch das Schloss. Alles war überschaubar, selbst die Menschen, die sich in dieser Welt aufhielten. Hinzu kamen die Feste und Rituale, die den Zusammenhalt der Gemeinschaft ordneten, bestätigten und die Machtstrukturen konsolidierten. Über diese Grenzen hinaus zu denken war überflüssig, denn ausserhalb von Versailles befand sich eine anonyme Menschenmasse, die der Finanzierung und Erhaltung des Hofes diente. Solange sie unter Kontrolle gehalten werden konnte, war sie keines Gedankens wert. Zu sehen war einerseits eine Machtkumulation bei wenigen auf Kosten vieler und gleichzeitig eine gefährliche Enge des Denkens, das sich nicht auf weitere Bereiche ausdehnen konnte als auf sich selbst, auf das Schloss, die Könige und ihre Entourage als abgegrenztes Ordnungssystem, vergleichbar mit Narziss am Teich, der als Strafe von der Welt ausgegrenzt worden war und mit sich alleine vorliebnehmen muss. Eine einzige Möglichkeit bleibt ihm: Er kann sich sein Versailles erschaffen und zusammen mit dem Hofstaat die Enge bekömmlicher gestalten. Auch wenn sich Versailles – im übertragenen Sinne – global auszudehnen vermochte, blieben die engen Strukturen dieselben.

Ich wage den Vergleich zur heutigen Welt. Die Strukturen ähneln sich insofern, als das Establishment der Macht und des Reichtums samt seiner Entourage sich verkleinert, während sich die Masse der Menschen, die ausgebeutet werden und ausgebeutet werden können, vergrössert. Mächtig zugenommen haben auch die Ansprüche, in den Hof aufgenommen zu werden. Hier wäre noch anzufügen, dass der Konsum der Ausbeutung heutzutage eine neue Qualität verleiht: Wir konsumieren zwar scheinbar selbstbestimmt und freiwillig, da ist weit und breit kein Sklaventreiber auszumachen. Gleichzeitig tragen die meisten von uns über die Selbstoptimierung des Leistungs-Ich dazu bei, die Gewinne der Anbieter zu erhöhen, ohne an diesen beteiligt zu sein, ja ohne zu merken, dass unsere Daten, unsere Fussabdrücke im Netz gewinnbringend abgeschöpft und verwertet werden.

Wir gehören dazu, wenn wir den Weg nach Versailles einschlagen und damit in die übersichtliche Kontrollierbarkeit und letztlich in die ›ovidische Enge‹ geraten. Versailles ist Trendsetter und bestimmt die Richtung unseres Begehrens und unserer Sehn-Süchte. Gleichzeitig bleibt die manchmal bis zur Panik gereichende Angst eine vorherrschende Empfindung, denn das Risiko wächst, aus dieser

Art der Gemeinschaft – nämlich Verbündete zu sein im gemeinsamen Narrativ der Macht und des Reichtums – ausgeschlossen zu werden. Ich wiederhole Eduard Fuchs, der schrieb: »Die Königstreue war darum häufig nur der unverhüllte Ausfluss der Furcht, von der wohlgefüllten Staatskrippe wieder vertrieben zu werden.« Und ich füge hinzu: mit dieser Vertreibung den sozialen Tod zu erleiden. Versailles bietet Zugehörigkeit für ein Ich, das ansonsten verloren wäre oder vielmehr befürchtet, verloren zu sein. Aus der Enge dieses Blickes ergibt sich eine beängstigende Sicht auf die Welt, die in der Folge mehrheitlich nur noch als Bedrohung wahrgenommen werden kann.

Vielleicht kann man sogar behaupten, dass der Bedrohungsmodus letztlich zurückzuführen ist auf die Angst, aus Versailles verbannt, in die Welt der anonymen Untertanen verstossen zu werden, ausweglos verloren zu sein in der eigenen Enge wie Narziss und auf die ausgeschmückte Enge eines Hofes wie Versailles verzichten zu müssen. Denn in ein samtenes Kissen lässt es sich weicher weinen.

Alternativen können kaum mehr gedacht werden, weil uns die Angst vor diesem Verlust den Atem nimmt und unser Denken lenkt. Sind Beziehungsstrukturen von dieser Angst vor Ausschluss durchsetzt, dann bleibt diese massgebend für das gemeinsame Leben, und nicht die lustvolle Neugierde auf den anderen, auf sich selber und auf die Welt. Diese Menschen haben nie die Erfahrung gemacht, dank der Anerkennung der Differenz der anderen angstfrei zu sein. Hätte die Angst vor Ausschluss und Verlust keinen Boden mehr, würden auch Gebäude und Strukturen, wie sie Versailles versinnbildlicht, also Herrschaftsstrukturen, obsolet. Die Enge liesse sich ersetzen durch Begehren und

Auseinandersetzung in der Differenz, für die der intersubjektive Raum den Weg und damit den Zugang zur Welt öffnet. Erst auf diese Weise wird die Entdeckungslust geweckt und das Leben spannend, denn das Ich sieht die Welt anders als das Du. Machtdiskurse entstehen erst, wenn diese spannende und erregende Differenz missachtet wird.

## Das Spiel von Dominanz und Unterwerfung

Die französischen Ludwige, die ja in ihre Lebensumstände hineingeboren wurden, dürften nicht in erster Linie Macht in Form von Gewalt oder sadistischer Lust an der Dominanz über andere Menschen angestrebt, sondern mit ihrer Macht und ihrem Reichtum vielmehr ihre Angst vor Bindungsverlust und Einsamkeit beruhigt haben. Um mächtig zu sein, braucht es immer noch diejenigen, die den Mächtigen Autorität zusprechen, und der Verlust dieser »Untertanen« darf nicht riskiert werden.

Sadismus und Masochismus hingegen erachte ich als Reaktion auf den Verlust der Aggressionen im Dienste des Ich, der dazu führt, dass Begehren nur noch pervertiert gelebt werden kann. Die nicht sexualisierte Form eines sadomasochistischen Verhaltens finden wir im Opferdiskurs wieder, in dem der eine als Täter an der anderen gebrandmarkt wird. Und weil solche Opfer/Täter-Beziehungsstrukturen in der heutigen Gesellschaft vorherrschend sind, werden auch die sexuellen Praktiken nicht davon abweichen.

Die Gewalt und ihr lustvoller Genuss sind die tradierten Anteile derjenigen Gewalt, zu der Rhamnusia gegriffen hatte, um Narziss in die Knie zu zwingen, um seine Aggressionen im Dienste des Ich unter ihre Kontrolle zu bringen. Er wurde dazu verurteilt, seine Bedürfnisse und Wünsche zurückzustellen und sein eigenes Begehren ausschliesslich in den Dienst anderer zu setzen. Und hätte er dennoch versucht, zu Lust und Genuss zu kommen, dann wäre das nur noch über den Einschluss dieser erfahrenen und kontrollierenden Gewalt möglich gewesen, was unweigerlich zur Perversion geführt hätte. Die Rachegelüste der abgewiesenen Nymphen, Männer und Frauen, ihr Triumph über das Leid des bestraften Narziss zeugen von einer sadistisch gefärbten Genugtuung, die beim Gegenüber Scham und Schuld auslöst. Die Scham ist nichts anderes als eine Reaktion auf eine triumphal-sadistische Demütigung. Um nicht zu sterben, bleibt Narziss nur die Möglichkeit, sich diesem Sadomasochismus zu unterwerfen, ihn zu internalisieren und auszuagieren, um selbst zu einer minimalen Befriedigung zu gelangen, einer Befriedigung, die in Ketten gelegt ist und die wiederum aus dem Triumph über die Demütigung des anderen resultiert.

Narziss' innerer Widerstreit zwischen der internalisierten strafenden Kontrolle und den lustvollen und lebensbejahenden Kräften, die in der Welt wirksam sein wollen, kann nunmehr nur noch auf sadomasochistische Art aufgelöst werden. Das erinnert an den *Hexenhammer*, als der Beichtvater der von erotischen Träumen »heimgesuchten« Jungfrau meinte, dass »der Beischlaf mit dem Dämon für sie vielmehr die Strafe für die Schuld als Schuld war«.

## Die Flucht vor dem Du

Es scheint auf der Hand zu liegen: Wer die Macht über die menschliche Triebhaftigkeit hat – also die Macht, das Begehren mit Schuld zu verbinden –, der kann die Menschen umfassend kontrollieren. Es fragt sich nur, warum diese Macht und die Anpassung daran angestrebt wird. Handelt es sich hier quasi um ein Hamsterrad, um einen Teufelskreis, in dem wir die »Muskelschwäche« unseres Ich bzw. deren pervertierte Ausformung im Sadomasochismus tradieren? Ist es ein sadomasochistischer Versuch, die eigene Ohnmacht abzuwehren? Wenn dem so ist, war das schon immer so? Oder haben diese Machtformen ihren Anfang erst genommen, als die Ohnmächtigen an die Macht kamen? Bedeutet Macht per se, andere zu besiegen und über andere zu triumphieren? Es gibt hier viele Fragen zu klären. Ich versuche in diesem Buch ausschliesslich, den Scheinwerfer auf das Hamsterrad zu richten. Dies nicht zuletzt, um die heutige Begrifflichkeit des Narzissmus von ihrem Stigma zu befreien, ohne jedoch das narzisstische Verhalten und Handeln zu entschuldigen oder von Verantwortung freisprechen zu wollen. Mir geht es vielmehr darum, einen ganzen gesellschaftlichen Diskurs und damit unser aller Mitverantwortung daran auszuleuchten, um ihn letztlich gemeinsam verändern zu können.

Dass Narziss seine Enge mit dem prunkvollen und komfortablen Interieur von Versailles ausschmücken und erweitern kann, dass er sich von einem Ohnmächtigen in einen Allmächtigen – zum Beispiel in einen Ludwig – zu wandeln vermag, bedeutet nicht, dass er sich damit wirklich befreien, die Not der Einsamkeit und Angst aufheben kann; er kann sie allenfalls beschwichtigen. Damit wird sie aber auch tradiert. Tatsächlich hat ein Ludwig ausserhalb seiner Rolle keine eigentliche Handlungsmacht, zumal er diese machtvolle Rolle auch noch geerbt hat. Es braucht im Leben von Narziss und uns allen einen Paradigmenwechsel; es braucht die Erkenntnis, dass die Anerkennung der Differenz anderer Menschen und damit das Nutzen der Aggressionen im Dienste des Ich nötig sind, um dem Teufelskreis von Macht und Ohnmacht, Schuld und Unschuld, Täter und Opfer zu entkommen. Andernfalls bleiben wir eingeschlossen in diesen Mechanismus, in dem Machtträger:innen Produkte unserer Projektionen bleiben; sie schlüpfen in die Rollen, die wir ihnen zuweisen. Das alles zusammen ergibt eine Dynamik, wie sie Hans Christian Andersen in seinem Märchen *Des Kaisers neue Kleider* treffend und köstlich beschrieben hat: Der Kaiser ist nackt ohne seine Attribute der Macht, entkleidet von unseren Projektionen und damit als gewöhnlicher Mensch dem Hohn und Gelächter seiner Untertanen preisgegeben. Es ist wohl kein Zufall, dass dieses Märchen 1862 geschrieben wurde, in einer Zeit, in der der Adel entmachtet wurde, das Bürgertum die Herrschaft übernahm und Nationalstaaten gegründet wurden.

Bindungen, die aus Gründen der Macht und des Reichtums entstanden sind, bergen stets auch Abhängigkeiten in sich. Sie sind weitgehend stabil, weil die Abhängigkeit die Bindung sichert. Im Inneren ist das Gebäude jedoch fragil, weil jedes Streben nach Unabhängigkeit es einstürzen lässt. Solche »künstlichen« Beziehungen im zwischenmenschlichen Miteinander – ich nenne sie auch »Versailler Bindungen« – vermögen zwar die Einsamkeitsgefühle wirksam zu schmälern, dienen jedoch gleichzeitig der Flucht vor dem eigenen Ich und einem Du.

Wenn das Begehren des Narziss ins Leere fällt, wenn da niemand ist, der es wahr- und ernst nimmt, dann hinterlässt das ein Gefühl der Vernichtung in der Psyche. Wenn sich ein Du diesem Ich annähert, zum Beispiel in einer Liebesbeziehung, wird dieses vernichtete Ich, das sich auch selbst nicht als liebenswert empfinden kann, immer wieder diesen Schmerz erleben und sich daher eher vor dem Du zurückziehen, um dem Schmerz der Vernichtung zu entgehen. Oft wird Narzissen denn auch vorgeworfen, dass sie beziehungsunfähig seien. In einem gewissen Sinn stimmt das. Doch die Medaille hat zwei Seiten: Einerseits wünschen sich Narzisse eine Liebesbeziehung, andererseits gehen sie ihr aus dem Weg, weil sie das Risiko eines grossen Schmerzes fürchten. Und beides ist schmerzvoll: das Bedürfnis nach Liebe und die Vermeidung von Beziehungen.

Vor diesem Hintergrund wird es auch verständlich, dass unsere narzisstisch geprägte Gesellschaft immer mehr im Bedrohungs- und Gefahrenmodus denkt, als mit Freude und Lust der Zukunft entgegenzugehen. Und es wird auch verständlich, dass wir unsere Körper und Seelen immer mehr der Medizin ausliefern, ohne erst einmal darüber nachzudenken, was für uns wichtig ist, um uns wohl zu fühlen. Wir sind immer mehr getrennt von uns selber, wir fliehen vor unserem eigenen Ich, um dem Schmerz zu entgehen, weil dieses Ich mit Vernichtung kontaminiert und deshalb unerträglich ist. Wir fliehen vor dem Du, weil es unser wahres Ich bräuchte, um ihm zu begegnen. Vor allem aber fliehen wir vor dem Du, weil wir es nur als begierig kennen, begierig nach uns, und weil wir es als Du fürchten, das unserem Ich keinen Platz gibt. Das alles macht Angst. Das alles ist die Wiege der Angst. Angst ist ein Schmerz, kein Gefühl, und wenn wir sie als Schmerz würdigen, dann können wir die Ursache angehen, um die Angst zu beruhigen. Damit umgehen wir das Risiko, dass wir die Angst zementieren als lebensnotwendiges Gefühl, das uns vor Gefahren schützt und uns so von der Welt trennt.

Im Gegensatz dazu kann in intersubjektiven Bindungen, in der Anerkennung der Differenz, ein gemeinsamer Prozess des Werdens und der Veränderung angestossen werden. Hier übernimmt nicht die Angst vor einer bevorstehenden Gefahr das Diktat, damit die Folgeprozesse definiert und kontrolliert werden können. Stattdessen sind unsere Bindungen mit Menschen, mit der Welt und dem Leben angstfrei und offen für die grosse Vielfalt, die da existiert.

### *Ein gemeinsames Leben unter Druck*

Erinnern wir uns: Das Begehren der Nymphe Echo wird von Narziss nicht erwidert, weshalb sie in der Einsamkeit der Abweisung sterben wird. Ab Vers 393 schreibt Ovid:

Die Verschmähte hält sich im Walde versteckt, verbirgt schamhaft das Gesicht im Laub und lebt von nun an in einsamen Höhlen. Doch die Liebe bleibt und wächst noch aus Schmerz über die Zurückweisung. Sorgen gönnen ihr keinen Schlaf und zehren den Leib jämmerlich aus; [...] Die Stimme bleibt, das Gebein soll sich in Stein verwandelt haben. Seitdem ist sie in Wäldern verborgen und lässt sich auf keinem Berg blicken. Alle können sie hören. In ihr lebt nur der Klang.

Narziss hätte Echo retten können. Er hätte ihrem Liebeswerben stattgeben und sie glücklich machen können. Falls er dem Druck nachgegeben hätte, ihre Bedürfnisse zu befriedigen, hätte er sich zwar selbst verleugnen müssen, jedoch ebenfalls überlebt. Er hätte für sie gesorgt, hätte versucht, ihr die Wünsche von den Lippen abzulesen, ihre Stimmungen zu regulieren, und er hätte für ihr Wohlbefinden immer mehr Verantwortung übernommen, nur um sich nichts zuschulden kommen zu lassen. Wenn Ovid schreibt: »Doch die Liebe bleibt und wächst noch über die Zurückweisung ...«, dann müssen wir bei Echo eher von einer Kränkung ausgehen, die wuchs und wuchs, bis sie daran starb.

Die Aggression, die diesem Sterben und Tod inhärent ist, gilt es zu entlarven: Es ist ein enormer Druck, den Echo auf Narziss ausübt. Sie weist ihm die Verantwortung für ihre Befindlichkeit und ihr Leben zu und letztlich die Verantwortung für ihren Tod. Und das, ohne Worte zu benutzen, also ohne eine direkte Ansage. Ihre Kränkung ist dieselbe, die andere Abgewiesene veranlasste, den Beistand der Rachegöttin zu erflehen. Hätte sich Narziss mit Echo vermählt, Kinder gezeugt, seine Schuldigkeit getan, hätte er überlebt und die Schuldigkeit tradiert.

Interessant sind die Parallelen zur heutigen Zeit: Auf vielen Werbeplakaten und in Filmen erscheinen immer noch kräftige und coole Männer mit breiten Schultern, die Frauen Schutz und Rückhalt verheissen. Und Frauen werden oft noch als anlehnungsbedürftig und schutzlos dargestellt; sie entbehren in diesem Bild jeglicher Eigenständigkeit und Widerspenstigkeit. Der Auftrag dieser Frauen ist klar: Du hast deine Mächtigkeit in meine Dienste zu stellen, mir Schutz und Sorge zu bieten! Ein aggressiver, vereinnahmender Auftrag an die Liebe. So können sowohl die Frau als auch der Mann die Wünsche und Bedürfnisse des/der anderen befriedigen, sich diesen anpassen, und das mit dem einzigen Ziel, sich das Überleben zu sichern. So werden sie zu Objekten, besser gesagt zu Selbstobjekten der Bedürfnisse des oder der anderen, werden also als Subjekte verkannt. Indem sie sich in dieser Konstellation einnisten, sichern sie sich ihre Unentbehrlichkeit in der Beziehung. Solche Bindungsformen lassen sich lange tradieren und werden es auch. Oder die beiden besinnen sich auf die Kraft der eigenen Wünsche und geben mit dieser Energie ihrem Leben einen Schub in eine andere Richtung. Es lohnt sich für sie, zu erkennen, wie sehr sie das Leben in einer Funktion fristen und wie wenig das mit Ich-sein zu tun hat.

### *Die Last der grenzenlosen Verantwortung*

Es liegt auf der Hand, dass sich Narziss Bindungen sucht, die seinem Ich keinen Raum gönnen und ihn nicht in Ruhe lassen. Denn würde er mit seinem Ich allein bleiben, würde er, wie wir gesehen haben, ständig die Erfahrung von dessen Vernichtung machen. Wenn immer ein Gegenüber etwas von ihm will, eine strikte Bezugnahme auf sich von ihm fordert, ist er nicht allein; dann ist er beschäftigt mit Handlungen, die nichts mit seinem Ich zu tun haben, die ihn von seinem Ich ablenken. Und über diese Abhängigkeit kann er sich gleichzeitig Beziehung und Bedeutung sichern, je nach Beziehung auch Einkommen, und er kann seinem Ich das Gefühl der Verlorenheit und die Angst vor der Vernichtung ersparen. Ob es sich hier um Beziehungen im privaten Umfeld oder in Arbeitswelt und Gesellschaft handelt, ist einerlei: Hauptsache ist, dass die erfahrene Bindungsform sich fortsetzt und Narziss somit ein Überleben in dem Fahrwasser ermöglicht, das ihm bekannt ist.

Ein Beispiel: Ein Philanthrop, der einen Teil seines Reichtums für wohltätige Projekte zur Verfügung stellt – ganz im Sinn seiner Bezeichnung »in Liebe für den Menschen« –, schafft keine Abhängigkeiten, weil diese dem Liebesgedanken entgegenstünden. Würde er das tun, wäre er kein Philanthrop mehr. Und sollten die geschaffenen Abhängigkeiten ihm oder ihr gar dazu dienen, sich Beziehungen und Bedeutung zu sichern, um nicht in die narzisstische Verlorenheit zu fallen, handelte es sich um die Wiederholung der selbst erfahrenen Muster, wonach das Gegenüber als Objekt, als Selbstobjekt wahrgenommen und missbraucht wird. Wo auch immer Gutes getan wird und sich daraus Abhängigkeiten ergeben, gar angestrebte Abhängigkeiten, welche nicht an der subjektiven Wahrnehmung der Adressat:innen der Spende interessiert sind und dieser gar nicht Rechnung tragen, dürfen wir nicht vergessen, die guten Taten zu hinterfragen.

Es handelte sich hier um eine spezielle Art einer »übergestülpten« Verantwortung für den anderen, die invasiv und übergriffig ist, weil sie an den wahren Bedürfnissen der beiden Subjekte, sowohl dem helfenden wie dem bedürftigen Ich, vorbeizielt. Diese Form der Übernahme von Verantwortung dient nur dazu, die bestehende Lücke der Beziehungslosigkeit zu füllen. Die so entstehenden Beziehungen negieren die Differenz des anderen, heben sie auf. Denn die Abhängigkeit bewirkt ein Gefälle, in dem die

Grenzen in der ständigen Bezugnahme aufeinander aufgehoben werden und die beiden Ich verschmelzen. Beziehung wird mit Bezugnahme vertauscht, und die wird vielfach mit Beziehung verwechselt. In der intersubjektiven Beziehung hingegen bleiben die Ich-Grenzen bestehen; der Modus der Auseinandersetzungen variiert, jedoch nicht die Anerkennung der Differenz, die beständig bleibt. Die Verantwortung für andere zu übernehmen, installiert demgegenüber eine Art siamesische Bindung, in der die Unzertrennlichkeit zum obersten Gebot wird und Ich-Grenzen als lebensbedrohend wahrgenommen werden.

Auf diese Weise wird gerade die Grenzenlosigkeit befeuert, die der Motor ist für getriebenes, forciertes Wachstum, für unendliche Innovation und unendliche Steigerung, sei es in der Wissenschaft, in der Technik – oder in Form der permanenten Selbstoptimierung des Menschen. Es ist die Grenzenlosigkeit, die das souveräne Ich als Referenz verloren hat oder es zu verlieren droht. So wie der Narziss, der nicht sterben will und sich deswegen dem Willen der anderen fügt. In dieser Rolle hat er kein anderes Ziel, als die anderen zufriedenzustellen, zu entlasten und so sicherzustellen, dass er nicht alleine ist. Seine eigenen Wünsche wachsen in die Unendlichkeit, weil sie nicht befriedigt werden können: der Wunsch nach Bindung, nach Anerkennung seines Ich. Doch Narziss kennt weder seine eigenen Bedürfnisse noch diejenigen der anderen; er versucht nur, sie zufriedenzustellen und so zu veranlassen, in der Beziehung mit ihm, also in der Abhängigkeit zu bleiben. Und er arbeitet und arbeitet, beglückt und macht glücklich – nicht zuletzt die Frauen und Männer, die ihr Ich über den übermässigen Konsum befriedigen, beruhigen und damit auch Lücken in ihren Beziehungen übertünchen können. So bedingen sich beide, sowohl Gebende als auch Nehmende, und würde das rasende Wachstum und die Sucht nach technischen Innovationen aufhören, stünden beide vor dem Abgrund. Vor dem Abgrund eines Ich in Not, das weder gesehen noch gehört wurde. Eines Ich, das es gibt und doch nicht geben sollte; ein Ich, das anders sein müsste, damit es dieses eigentliche Ich gäbe.

In dieser Dynamik der Grenzenlosigkeit ist die Angst vor der Trennung ein beherrschender Faktor, einer Trennung, die aus der Anerkennung des anderen Ich als different, als Nicht-Ich resultieren würde, der Trennung einer siamesischen Einheit, die mittels der Übernahme der Verantwortung für den anderen entstanden ist. Die Angst vor dieser Trennung ist verständlich, bedeutet sie für Narzisse doch erfahrungsgemäss Einsamkeit, Verlorenheit und Beziehungsverlust. Verantwortung für den anderen oder die andere zu übernehmen, ihm oder ihr Gutes zu tun ist ein Verschmelzungsfaktor, der eine spezielle Form der Gemeinschaft entstehen lässt. Auf der einen Seite stehen diejenigen, die etwas anbieten, auf der anderen Seite diejenigen, die diese Angebote annehmen. Damit wird eine ständige gegenseitige Bezugnahme eingefordert und besiegelt; aus dieser Dynamik herauszukommen wird immer schwieriger, je länger sie anhält.

Nicht zuletzt ist diese Übernahme von Verantwortung und Fürsorge für andere eine Möglichkeit, die eigenen Schuldgefühle zu beschwichtigen, die vermeintliche Schuld abzuarbeiten, andere in Not gebracht zu haben – im Fall von Narziss zum Beispiel könnten es Schuldgefühle sein, Echo enttäuscht und so ihren späteren Tod verursacht zu haben. Oder auch eine Art Überlebensschuld, die jemand spüren kann, weil das eigene Ich gerade nicht in dieser Not ist, sondern sich in der Abwehr dieser Not einnisten konnte. Die Schuldgefühle dienen hier als Beziehungskitt, als Garant für Beziehung, denn eine solche Beziehung gibt man nicht so leicht auf. So kann sich Narziss mit den unterschiedlichsten Instrumenten Bindung und Überleben sichern, wobei er jedoch nie die Anerkennung der Differenz und damit die Anerkennung seines Ich ausserhalb seiner Rolle und den Erwartungen an ihn erfahren wird.

### *Beziehung und Kontrolle dank Selbstaufgabe*

Zurück zum Hof der Ludwige. Der zeichnete sich dahingehend aus, dass die Unterscheidung von Ich und Du bzw. Nicht-Ich bis zur Unkenntlichkeit verschwand. Eine Differenz bestand nur in den hierarchischen Positionen, und die bezog sich auf die Rollen, nicht das eigentliche Ich der Menschen. Diese Dynamik am Hof ermöglichte ein Gefühl der Zugehörigkeit und bot über die Macht und den Reichtum allen Beteiligten eine Form von Sicherheit. Diese Sicherheit bleibt jedoch fragil und trügerisch, weil die Differenz, die Unterschiedlichkeit der Menschen völlig ausser Acht gelassen wird. Schwenken hingegen alle auf das Narrativ der gegenseitigen Bezugnahme ein, dann können allfällige autonome Bestrebungen von Einzelnen – also die Nutzung der Aggressionen im Dienste des Ich – auf beiden Seiten kontrolliert und domestiziert werden: Die Höflinge und Hofdamen bewegen sich liniengetreu und arbeiten dem König in die Hand, während der König kein Risiko eingeht, seine Entourage zu enttäuschen, die ihm seine Identität und Bedeutung verleiht.

Damit wird den autonomen Bestrebungen der subversive Charakter entzogen, und Narziss kann sich mit den in die Perversion gelenkten Aggressionen im Dienste des Ich sein Überleben sichern. Er schlüpft in Rollen, baut sich damit Beziehungen, vielmehr Bezugnahmen auf, sichert sich Gemeinschaft, Schutz, Aufgehobensein und, nicht zu vergessen, Kontrolle, eine gegenseitige Kontrolle über die autonomen Bestrebungen der anderen. In diesem Zusammenhang wird es auch verständlich, dass der französische Schriftsteller Albert Camus in einem Essay den Sisyphos, eine Figur aus der griechischen Mythologie, als glücklichen Menschen bezeichnete, gerade weil dieser sein Begehren nach Freiheit aufgab und es auf sich nahm, einen ständig wieder herabrollenden Stein bis in alle Ewigkeit auf einen Hügel hinaufzustemmen. Die Grundlage von Camus' Interpretation lieferte der griechische Dichter Homer, der anfangs des 7. Jahrhunderts v. Chr. in seinem Epos *Odyssee* von Odysseus und dessen Begegnung mit Sisyphos in der Unterwelt berichtete (11. Gesang: Besuch in der Unterwelt, Vers 593ff):

> Auch den Sisyphos sah ich von schrecklicher Mühe gefoltert,
> Einen schweren Marmor mit grosser Gewalt fortheben.
> Angestemmt arbeitet er stark mit Händen und Füssen,
> Ihn von der Au aufwälzend zum Berge. Doch glaubt er ihn jetzo
> Auf den Gipfel zu drehn, da mit einmal stürzte die Last um;
> Hurtig mit Donnergepolter entrollte der tückische Marmor.
> Und von vorn arbeitet er, angestemmt, dass der Schweiss
> Seinen Gliedern entfloss, und Staub sein Antlitz umwölkte.

Sigmund Freud schrieb 1930 im zweiten Kapitel seines Buches *Das Unbehagen in der Kultur*: »Es ist, wie man merkt, einfach das Programm des Lustprinzips, das den Lebenszweck setzt. Dies Prinzip beherrscht die Leistung des seelischen Apparates vom Anfang an; an seiner Zweckdienlichkeit kann kein Zweifel sein, und doch ist sein Programm im Hader mit der ganzen Welt, mit dem Makrokosmos ebensowohl wie mit dem Mikrokosmos.«

Auch Narziss wählt den Weg des Sisyphos, den Weg der Anpassung, um nicht an seiner eigenen Libido zu verbrennen. Um nicht in Hader mit der ganzen Welt zu liegen, bändigt er seine Aggressionen im Dienste des Ich und gibt das Lustprinzip auf. Diese gefesselte Energie sucht sich neue Wege, Auswege, sie pervertiert in der Folge und eröffnet einen Raum mit unerschöpflichen Möglichkeiten, ihn auszugestalten. Doch wirklich unerschöpflich ist nur die Freiheit, in der alle die anderen als eigenständig anerkennen und so als eigenständige Ich auf deren Bedürfnisse eingehen können, das heisst ohne grenzauflösende Bezugnahmen.

In der Psychoanalyse gehen wir davon aus, dass Abwehrstrategien eine Funktion haben und dass wir diese Funktion entlarven müssen, um die Ursache der Abwehr zu verstehen. Narziss oder die absolutistischen Könige greifen zu solchen Strategien, um ihren inneren Schmerz abzuwehren; sie tun das, indem sie eine zugewiesene Rolle übernehmen und damit gleichzeitig Verantwortung für ausgesuchte und auserwählte Menschen, nämlich für all diejenigen, die ihnen Bedeutung und Macht zuordnen. Diese Abwehrstrategien gilt es zu verstehen, gerade weil wir sie überliefert bekommen haben, gerade weil sie sich als fixes Narrativ in unsere Gesellschaft eingeschrieben haben, gerade weil wir dafür sorgen müssen, dass sie nicht weiter tradiert werden.

Wir haben die Möglichkeit, die Ursachen des Leidens anzugehen und damit die Abwehr überflüssig zu machen. Andernfalls bleiben wir in diesem Modus stecken und geben ihn an die nächsten Generationen weiter; wir werden zu Opfern und zu Tätern, zu Gekränkten und Rächern, wie sie im Ovidschen Epos zu finden sind. Wir harren am Ort der Strafe aus und richten uns darin ein wie Sisyphos, der den Felsen unermüdlich hochschiebt und den Camus als einen glücklichen Menschen beschreibt. »Il n'est pas de destin qui ne se surmonte par le mépris« (Es gibt kein Schicksal, das nicht durch Verachtung überwunden werden kann), so Camus, und er meint damit die in Destruktion pervertierte Aggression im Dienste des Ich, die sich wohl oder übel an diesem Ort der Strafe entwickeln wird.

Und das Alte Testament lehrt uns: »Im Schweiss deines Angesichts sollst du Brot essen, bis du zum Acker zurückkehrst, von dem du genommen bist« (1. Buch Mose, Genesis, Vers 3,19) – auch das als Strafe gedacht, weil Adam und Eva entgegen dem Verbot Gottes den Apfel vom Baum der Erkenntnis gegessen haben.

Wir dürfen den Narzissmus nicht als pathologisches Symptom einzelner Menschen verstehen, sondern müssen es als ein umfassenderes, ein gesellschaftliches Phänomen sehen. Mit der Stigmatisierung einzelner Menschen als Narzissten wird der Aspekt, dass eine ganze Gesellschaft in solchen Strukturen funktioniert, unter den Teppich gekehrt. Damit kann die Gesellschaft auch nicht zur Verantwortung gezogen werden. Die Sicht auf das Ganze bleibt verschleiert und die Machtverhältnisse bleiben unangefochten, gerade weil wir ihre Funktionsmuster durch die Individualisierung des Problems an die nächsten Generationen weiterreichen. Heute werden die absolutistischen Könige einfach durch autokratische Machtträger:innen und Wirtschaftsleader:innen ersetzt, der Hofstaat durch ehrgeizige und leistungsorientierte Angestellte und die Untertanen des vorrevolutionären Frankreich durch die neuen Menschen an den Rändern der Gesellschaft.

Wenn sich Fortschritt, Wachstum und Entwicklung nicht mehr am Souverän, also an den Bürgerinnen und Bürgern orientieren, sondern der Sicherung von bedeutungsvollen Rollen bzw. des Kapitals dienen; wenn das »Gute« nicht mehr das Wohlbefinden der Menschen meint, sondern gar als Diktat zur Wahrung der Sicherheit, der Demokratie, der Gesundheit und der Freiheit daherkommt, dann stehen wir im Dienste der Interessen anderer. Es handelt sich um dieselben Interessen, die Narziss von seinem Ich entfremdeten und ihm beibrachten, die Bedürfnisse der anderen wahrzunehmen und deren Wünsche zu erfüllen – allein um zu überleben. Eine Dynamik hingegen, die diese übergestülpten Verantwortlichkeiten durch Auseinandersetzung, durch intersubjektive Beziehungen ersetzt, würde den erzwungenen Bezugnahmen die Bedeutung und Wichtigkeit entziehen. Freiheit und Unbeschwertheit könnten wieder gedacht und gelebt werden, das Leben bekäme einen affirmativen Charakter und zöge sich nicht als Leidensgeschichte dahin, ein Leiden, das, vergessen wir es nicht, in den alten Mythen und im Alten Testament als Strafe gedacht ist.

Das Aufdeckung dieser Dynamik würde die ihr zugrundeliegenden Machtverhältnisse aufscheinen lassen und uns ermöglichen, eine Veränderung in Gang zu setzen, damit die Deutungshoheit über Schuld und Strafe nicht in fremden Händen bleibt. So müssten abgewiesene Männer, Frauen und Nymphen nicht mehr ihren Rachedurst mit Hilfe der Göttin des Zornes stillen, vielmehr könnte das Begehren des Narziss Raum einnehmen, sich ausdehnen und auf Anerkennung stossen.

### *Kontrolle als Schutzinstrument*

Stellen wir uns vor, wie einem Narziss zumute ist, dessen Ich-Grenzen nicht respektiert, sondern vielmehr niedergerissen werden, um sein Ich in den Dienst der begierigen anderen zu zwingen. Ein Ich, das seine konstruktiven Aggressionen nicht für sich selbst nutzen kann, ist verloren, ausser es pervertiert diese Aggressionen in ein Instrument, das dazu dient, andere zu kontrollieren und zu manipulieren. So erwischt Narziss zwei Fliegen auf einen Schlag: Er kann sich auch ohne konstruktive Aggressionen schützen, und er kann diese Kräfte umdrehen, um damit die anderen unter Kontrolle zu bringen. Und je mehr er in Bedrängnis gerät, umso mehr wird er die Kontrolle über den anderen ausdehnen bis hin zu dem Punkt, wo nunmehr der andere allein, einsam und in sich eingeschlossen ist und an der eigenen Libido verenden wird. So schliesst sich der Kreis: Der überlebende Narziss nutzt dieselbe Form von Kontrolle, die er erfahren hat, über den anderen. Er muss das Begehren, die Wünsche und Bedürfnisse, die Ich-Position eines Du kontrollieren, weil er keinen Zugriff auf die eigenen Aggressionen im Dienste des Ich hat. So wird also das Aussen und nicht das Innen, wird der andere und nicht das eigene Ich reguliert. Dieses Verhalten entspricht den Grössenfantasien unseres eigenen Ich und der Grenzenlosigkeit der Anmassung, einen Mitmenschen unter die Fuchtel bekommen zu wollen, und sei es auch, indem man ihm »Gutes« tut.

Hochgerechnet auf die ganze Gesellschaft: Auch ein politisches System wird sich der Kontrolle über seine Bürger:innen versichern wollen. Das beginnt schon in den westlichen Demokratien und reicht bis zu autokratischen Regierungen, Diktaturen und jeglichen Formen von Totalitarismus. Eines der bedeutendsten und wirkungsvollsten Kontrollsysteme ist der Opferdiskurs. Das Opfer hat die Macht, einen Täter zu benennen. Statt sich mit der Differenz auseinanderzusetzen, macht man sich das Gegenüber untertan. So etwa in unserem Bildungssystem, das nicht auf einem Kanon basiert, der die nachhaltige Entwicklung des Menschen anstrebt; vielmehr ist es auf einen Leistungsausweis ausgerichtet, der dem bestehenden Herrschaftsdiskurs zudient. Auch hier wird die konstruktive Nutzung der Aggressionen ausser Acht gelassen, denn sonst würde die Mannigfaltigkeit einer heterogenen Gruppe Schüler oder Studentinnen genutzt werden können, um Kreativität zu verwirklichen, Lösungen für eine friedliche Welt, die nicht auf Ausbeutung und Ungerechtigkeit basiert, zu suchen und zu finden.

Inzwischen haben diese Kontrollsysteme ein globales Ausmass angenommen. Nach wie vor sind sie aber nicht mehr und nicht weniger als der Versuch, die nicht mehr nutzbaren konstruktiven Aggressionen – die, um es nochmals zu betonen, nicht darauf ausgelegt sind, anderen zu schaden – umzuwandeln in Kontrolle über die anderen.

Dies nur, um sich zu schützen und die eigene Schwäche, Ohnmacht und Angst zu verbergen. Dass es sich hier in jedem Fall um Übergriffe handelt, die immer die Grenzen anderer verletzen, somit immer gewalttätig sind, versteht sich von alleine, selbst wenn man sie mit guten Absichten zu legitimieren versucht. So können die eng gesteckten Grenzen des Narziss umgewandelt werden in Kontrolle, in Gewalt, in Grenzenlosigkeit, in Grössenwahn, in Allmachtshandlungen, einzig zu dem Zweck, die eigene Wehrlosigkeit zu überschreiben, um sie aushaltbar zu machen. Denn Ohnmacht kann mit Allmacht abgewehrt werden.

Um einen Paradigmenwechsel zu vollziehen, bräuchte es die Einsicht in diesen Teufelskreis. Es gälte zu lernen, die Ohnmacht und die Angst auszuhalten. Ferner müsste es damit ein Ende haben, dass den Menschen die Aggressionen im Dienste des Ich geraubt werden. Und nicht zuletzt bräuchte es unser aller Bereitschaft, nicht mehr Teil eines Hofstaates sein oder werden zu wollen. Der Blick müsste seine Richtung ändern, weg von Versailles, hin zu intersubjektiven Diskursen, hin zur Anerkennung der Differenz anderer Menschen, hin zu heterogener Auseinandersetzung. Mit gesellschaftlichen, politischen, militärischen Revolutionen ist es nicht getan: Alle bisherigen Umstürze von bestehenden Machtsystemen sind über kürzer oder länger in dieselbe Dynamik verfallen und haben im besten Fall höchstens die Machtverhältnisse zugunsten einer grösseren Partizipation verschoben. Die Tradierung dieser Dynamiken und Strukturen muss unterbrochen werden.

*Der Sündenbock darf getötet werden*

Wer das Aussen, die anderen kontrollieren will, kommt nicht umhin, die Schuld einzuführen. Jemanden der Schuld zu bezichtigen ist das beste und gebräuchlichste Kontrollinstrument und zudem eines der gewalttätigsten. Es zwingt die anderen, in das angebotene Beziehungsmuster einzusteigen, und sei es nur, um es abzuwehren und sich der Schuldzuweisung mit Rechtfertigungen zu entledigen. Jeder Vorwurf ist ein knallharter Wurf aus dieser Richtung: Etwas wird jemanden an den Kopf geworfen, und der oder die hat sich damit zu beschäftigen und damit fertig zu werden. Und alle Möglichkeiten eines Auswegs sind mit neuen Vorwürfen versperrt. Mit der Zuweisung von Schuld kann die vormals konstruktive Kraft, die jetzt in eine destruktive pervertiert, legitim genutzt werden. Und wer schafft es heute schon, einem Vorwurf seine Destruktivität zu entziehen mit der Entgegnung: »Darauf gehe ich nicht ein«? So würde die Schuldzuweisung ins Leere laufen und gleichzeitig signalisiert: Ich lasse mich von dir nicht kontrollieren.

Schuldzuweisungen legitimieren unsere destruktiven Aggressionen und ermöglichen uns, unsere Hände in Unschuld zu waschen. Nicht nur Narzisse bedienen sich dieser Möglichkeit, sondern wir alle. Wir versuchen uns der Verantwortung für unsere destruktiven Kräfte und Handlungen zu entledigen, indem wir sie in eine Schuld verpacken und einem anderen anlasten. Ein gutes Beispiel ist hier der weisse Hai, dem der amerikanische Regisseur Steven Spielberg 1975 quasi ein Filmdenkmal setzte. Auf den weissen Hai lässt sich unsere ganze Zerstörungswut projizieren.

Der Film zeigt alle Aspekte unseres destruktiven Verhaltensmusters: Dem Hai wird die Schuld zugewiesen, Menschen zu fressen; um uns vor ihm zu retten, ist es legitim, ihn zu bekämpfen und zu töten. Deutlich wird dabei auch: Wer die Deutungshoheit über Unschuld und Schuld hat, hat gleichzeitig die Macht zu töten. Er ist nicht mehr Täter, sondern Retter. Dieses Narrativ ist alltäglich geworden; es ist ebenfalls eine Verdrehung, eine Perversion.

Schuldzuweisungen bilden die Grundlage für einen Täter-Opfer-Diskurs. Das per se unschuldige Opfer ist, wie schon in einem früheren Kapitel aufgezeigt, eine inszenierte Position, um einen Täter zu benennen, in unserem Fall den weissen Hai. Diese Schuldzuweisung verschafft dem Opfer Macht. Die Opferposition ist äusserst aggressiv, gerade weil sie so hinterlistig daherkommt.

Ich möchte an dieser Stelle nochmals festhalten, dass ich unterscheide zwischen Opfern, die sich in dieser Position inszenieren, und Opfern, die von Gewalt, Naturkatastrophen etc. betroffen sind. Von grausamer Gewalt betroffen waren jene Menschen, die Anders Breivik am 22. Juli 2011 in Oslo und auf der Insel Utøya ermordete. Von den 77 Menschen, die er tötete, waren 69 Teilnehmerinnen und Teilnehmer eines Zeltlagers der Jugendorganisation der sozialdemokratischen Arbeiterpartei. Der Massenmörder legitimierte seine Tat damit, dass er ein unabhängiges Europa wollte, frei von einer »islamischen Kolonialisierung« und frei von einem kulturellen Aufstieg des Marxismus. Er verstand sowohl sich selber wie auch ganz Europa als Opfer islamischer und marxistischer Machenschaften und wollte alle von diesem Fluch befreien; er wollte Europa retten. Diese Allmachtsfantasien, diese Perversion konstruktiver Aggressionen waren tödlich. Dabei war es Breivik wichtig, festzuhalten, dass er zwar die Verantwortung für seine Tat übernehme, jedoch nicht die Schuld.

### Von der Beziehung zu Maschinen

Mit dem kybernetischen Zeitalter und der zunehmenden digitalen Steuerung der Welt, wie sie die österreichische Wirtschaftshistorikerin Andrea Komlosy in ihrem Buch *Zeitenwende* (2022) treffend beschreibt, wird eine Vorstellung des Menschen kreiert, in der dieser zwar noch verletzlich und sterblich ist, jedoch viele Möglichkeiten haben wird, um die Medizin grundlegend zu revolutionieren, und zwar mithilfe von Robotik, Künstlicher Intelligenz, Nanotechnik, 3D-Druckern, Biotechnologie und so weiter. So liesse sich das menschliche Leben verlängern bzw. im Sinne der angestrebten Schmerz- und Sorgenfreiheit verbessern. Burrhus Frederic Skinner, ein US-amerikanischer Psychologe (1904–1990), empfahl bereits vor etwa hundert Jahren die Suche nach einer Technologie der Verhaltenssteuerung, welche die Menschen auf Frieden und Gerechtigkeit hin zu konditionieren vermag. Er schrieb 1948 – also nach dem Zweiten Weltkrieg – die utopische Erzählung »Walden Two«, in der er eine ideale Gemeinschaft als »Super-Organismus« beschreibt, der »so reibungslos und effizient wie eine Spitzenmannschaft im Fussball« geformt und kontrolliert werden könne.

Wir Menschen optimieren uns selbst in Richtung eines unverletzlichen und produktionsfähigen Wesens, das der Gemeinschaft nicht mehr bedarf, das ohne ein Gegenüber auskommen kann und das nicht mehr von Emotionen und

Trieben aufgehalten wird. All das führt geradewegs zu gesteuerten Wesen. Der Drang nach ständiger Verbesserung ist im System selbst angelegt: Solange wir im Leben unserer »Muskulatur« beraubt sind, haben wir das Bedürfnis, zu unserem Schutz andere Menschen zu kontrollieren. Dieses Verhalten werden wir solange beibehalten, bis wir uns darauf besinnen, was das Menschsein überhaupt ausmacht, was uns wichtig ist. Andernfalls konsumieren wir all die technologischen Neuerungen, die uns eine immer wirksamere Medizin, noch effizientere Produktionsprozesse in Aussicht stellen. Wir lassen uns bereitwillig auf ihre Versprechen auf Verbesserungen und Optimierungen ein, und wir leben das Leben als sinnentleertes Überleben. Nicht zuletzt: Der Mensch macht sich zum Schöpfer des Menschen. Denn Kontrolle über den Menschen zu haben bedeutet, ihn nach meinen Bedürfnissen und meinen Werten zu formen.

Ein sehr banales Erlebnis mag als Beispiel für meine These dienen: Ich reservierte telefonisch ein Hotelzimmer in einer kleinen Schweizer Stadt. Umgehend bekam ich die Reservationsbestätigung per E-Mail mit einer halben Seite Anleitung, wie ich an der Rezeption vorbei automatisch einchecken kann. Ich musste mir zwei Codes merken, die bei meiner Ankunft zu gegebener Zeit abrufbar seien. Vorher musste ich zu Hause ein Formular ausfüllen und abschicken – alles viel Arbeit für mich. Ich rief das Hotel nochmals an und fragte, warum ich mich nicht einfach an der Rezeption anmelden könne? Damit ich Zeit spare, meinte die Frau am Telefon. Warum geht sie davon aus, dass ich Zeit sparen will? Meint sie wohl ihre Zeit? Zeit sparen bedeutet also, sich der Technologie ausliefern zu müssen, auch am Menschen vorbei zu handeln. Dabei schätze ich es sehr, wenn ich in einem Hotel begrüsst werde, und nutze dieses Anmelderitual, um noch einige Fragen zu stellen, zum Beispiel wann es Frühstück gibt, wo der Speisesaal ist etc.

Beziehungen – also das, was für uns Bindung bedeutet – werden in der kybernetischen Zukunft überflüssig. Ich werde im Folgenden darauf eingehen, warum es – psychoanalytisch gesehen – wichtig ist, Bindungen zu anderen Menschen überflüssig zu machen und zu ersetzen durch Bindungen an Technologien, durch Vertrauen in Geräte und Maschinen, die einen oder mehrere Entwickler haben und somit deren Kontrolle unterliegen. Wir haben hier – im Gegensatz zu einem menschlichen Gegenüber – die Möglichkeit der absoluten Kontrolle. Ein Mensch ist letztlich nicht kontrollierbar, die Gefahr besteht alleweil, dass er sich nicht mehr anpassen will, dass er sich trennt und seine ganz eigenen Wege geht; damit hängt jedoch die Einsamkeit wie ein Damoklesschwert über ihm. Wenn aber alle im Strom der technischen Innovationen, des Wachstums und damit einhergehend der Entfremdung von sich selbst und den anderen Menschen mitschwimmen, droht vordergründig keine Gefahr, zu vereinsamen. Wir sitzen alle im selben Boot und binden uns nunmehr an Technologien; es sind Bindungen, denen wir die Toxizität entziehen können. Maschinen und Geräte haben keine Erwartungen an uns; sie können sich weder von uns trennen noch uns für irgendetwas beschuldigen, und sie können uns nicht mit Einsamkeit bestrafen. Sie können zwar ihren Dienst versagen, doch sie lassen sich umgehend reparieren und wieder funktionstüchtig machen.

Die neuen Technologien, versprechen die Entwickler, entlasten unser Leben von Mühsal aller Art: von unnötiger körperlicher Anstrengung, unnötigem Einsatz unserer Arbeitskraft, unnötigen Gedanken und Sorgen, unnötigen Schmerzen und Krankheiten, unnötigen Muskelverspannungen und last but not least von unnötigen Beziehungsdynamiken. Zum Beispiel von einer Beziehung, die mich in die Wünsche des Gegenübers einverleibt, wie es Narziss geschah; zum Beispiel einer Bindung, die meine ununterbrochene emotionale Bezugnahme verlangt; zum Beispiel einer Beziehung, die mich nur mit Schuldgefühlen in meine Eigenständigkeit entlässt. Maschinen und Geräte arbeiten nicht mit Emotionen und nicht mit Bindungsdynamiken. Bindungen zu ihnen sind ein Versuch, uns von Bindungen zu Menschen zu entlasten: Sie geben uns Sicherheit und lassen uns in Ruhe. Etwas, das wir uns alle wünschen.

Gleichzeitig müssen wir jedoch feststellen: Bindungen an Technologien setzen die sattsam bekannten Dynamiken auf neue Weise fort: Wir müssen uns darum kümmern, dass sie funktionieren, wir müssen sie am Laufen halten, optimieren, und wir sind in einem ständigen Bezug zu ihnen – sprich: Wir sind abhängig von ihnen. Als alltägliche, fast banale Beispiele erwähne ich hier den Personenlift, das Auto und das Smartphone. Sie stehen uns rund um die Uhr zur Verfügung, und uns von ihnen zu trennen, erweist sich je länger, je mehr als schwierig. Folglich wiederholt sich genau das, wovon wir uns zu entlasten versuchten: eine Bindung, die abhängig und unfrei macht; eine Bindung, die uns auf die Maschine, das Gerät hin konditioniert und uns letztlich allein lässt. Den ständigen Zugriff auf diese Maschinen und Geräte zu haben, definieren wir als Freiheit, doch bei näherem Hinsehen ist es einfach eine andere Form von Abhängigkeit. Wenn der ständige Zugriff auf Maschinen und Geräte als neues Gegenüber Freiheit bedeutet, dann sind wir nur frei von der Angst vor Einsamkeit, der Angst, dass da niemand ist oder dass da jemand ist, dem wir niemand sind.

Mit anderen Worten: Der Kreis schliesst sich. Wir werden zu begierigen Nymphen, Männern und Frauen, wir konsumieren das, was unsere Ängste zu beruhigen verspricht, und missachten dabei unser Ich und das Du. So wie Narziss für die, die ihn begehren, nur eine Bedeutung erhält, wenn er ihre Wünsche erfüllt und wenn er sich selbst – wie die anderen – ein Objekt für sein Begehren sucht, um sich aus der Misere der Missachtung und Verkennung zu retten. Wir bewegen uns im Kreis der Bindungslosigkeit und versuchen, diese Bindungslosigkeit wettzumachen mit einer neuen Variante davon.

Narziss wird also genauso sein Smartphone aufladen, updaten, die Daten sichern müssen, wie er das begierige Gegenüber zu bedienen hatte; er wird sich in den Social Media tummeln und sich über die Likes zu seinen Einträgen freuen. Und genauso, wie er die Anerkennung seines Ich zu entbehren hatte, wird ihm diese auch das Smartphone nicht gewähren. So bewegt er sich immerfort am Rand des Abgrundes bzw. der Beziehungslosigkeit, seine Aussicht bleibt die Verlorenheit. Der intersubjektive Diskurs hingegen kennt keinen Abgrund, der grundlose Abgrund – hier in der zweifachen Deutung – wird mit der Anerkennung der Differenz hinfällig.

## *Maschinen und Geräte sind kein Ersatz für ein Du*

Die Abhängigkeitsbeziehungen zu Technologien, Maschinen und Geräten jeglicher Art – man denke nur an das Stromnetz, dessen Ausfall verheerende Folgen hat, an Computernetzwerke in Firmen und Verwaltung oder den Herzschrittmacher, der ein Herz in Bewegung hält – halten vielmehr meine Angst und Einsamkeit aufrecht, von denen ich mich doch verabschieden wollte. Und zwar deswegen, weil sie nicht zuverlässig sind, weil sie versagen können. Sie versagen in der Bindung an mich und in der Wahrnehmung meines Ichs. So kann die Trennung von vielen dieser Technologien genauso tödlich sein wie die Trennung des Narziss von den begierigen Subjekten in seiner Umgebung. Genauso, wie Narziss in sich eingeschlossen sterben muss, genauso werde ich sterben, wenn der Herzschrittmacher seinen Dienst versagt. Es sei denn, die Technik hat diese Möglichkeit des Versagens miteinbezogen und entsprechende Notlösungen bereitgestellt, um alle lebensbedrohlichen Eventualitäten aufzufangen.

All das gleicht einer Bindungsstruktur, die viele von uns vermissen: nämlich ein verlässliches Gegenüber zu haben, das wir jederzeit um Hilfe bitten können. Und wenn an diesem Ort niemand da ist und nie jemand war, dann wird das Ich die Maschinen, Geräte, Netzwerke und alle zukünftigen technischen Errungenschaften als Erlösung wahrnehmen und erst später erfahren müssen, dass die Bindung daran die Einsamkeit und Angst eigentlich nur vergrössert.

Technologische Innovationen und Verfahren, die wir unter dem englischen Akronym MANBRIC kennen (Medizinsektor, additives Druckverfahren, Nanotechnologie, Biotechnologie, Informations- und Kommunikationstechnologie, kognitive Systeme) und die auch in der Publikation *Covid-19 – Der grosse Umbruch* des WEF-Gründers Klaus Schwab und des französischen Ökonomen Thierry Malleret ausführlich beleuchtet werden, können wir als Vision einer Rettung deuten, einer Rettung des Ich und einer Rettung der Welt, wobei wir von einem übersteigerten Verantwortungsgefühl der beiden Autoren sprechen müssen. Sehr viele dieser Technologien haben es an sich, dass sie Menschen ersetzen. Und dort, wo die Menschen ersetzt werden, werden die Beziehungen zu Menschen auch obsolet. So liesse sich die Not, wie sie Narzisse erleben, abschwächen. Andererseits würde sie jedoch aufrechterhalten, weil eine Technologie nie und nimmer eine Bindung ermöglicht, die dem Ich die Angst und die Einsamkeit nehmen könnte. Selbst ein Chip mit einer Beruhigungssubstanz, der ihm eingebaut würde, wäre nutzlos, denn die Angst wird sich einfach einen anderen Ort suchen. Gerade weil es sich um eine Subjekt-Objekt-Bindung handelt, wiederholt sich die Not, denn das »Maschinen-Objekt« kann dieses Ich nicht anerkennen, wahr- und ernstnehmen. Eine solche Bindung wiederholt die toxische Dynamik einer narzisstischen Bindung, in der ein Ich ohne Ich im Du auch kein Ich sieht.

Auch Maschinen und Geräte sind als Objekt der Bindung gierig nach Unterhalt, Strom und Optimierung, was unser »gieriges« Wachstum am Laufen hält; auch sie lassen die Konsumenten und Konsumentinnen nie in Ruhe; auch sie nehmen das Gegenüber in seinem Ichsein nicht wahr, anerkennen es nicht als Subjekt; auch ihnen geht es nur um sich selbst. Maschine und Geräte sind in dieser Hinsicht stumm, unberührbar, uneinsichtig. Als unsere Schöpfung sind sie unserer Kontrolle unterworfen, denn der Schöpfer hat immer die Kontrolle. Das heisst, wir kreieren sie, um uns von unserer Not zu entlasten, doch ohne das Narrativ zu ändern. Im Gegenteil, es wird tradiert.

Ich gehe davon aus, dass technische Innovationen einem panischen Grundduktus entspringen, obwohl das von aussen nicht zu sehen ist. Es ist die Angst, mit anderen Worten: die Entfremdung vom eigenen Ich und von der Welt, die Lösungen anbietet, welche letztlich keine sind. Denn neue Errungenschaften bergen neben ihrem Nutzen in den meisten Fällen auch einen Destruktionsfaktor in sich, der die Menschen schädigt. Wir versuchen die Angst zu beruhigen, ohne über eine Auseinandersetzung mit den Ursachen einen Paradigmenwechsel zu wagen. Vielleicht bestünde in diesem Fall ja die Gefahr, dass das weltweite Wirtschaftssystem zusammenbrechen würde? Unser narzisstisches System ist bereits so weit fortgeschritten, dass uns die Frage nach dem, was unser Wohlbefinden eigentlich ausmacht, gar nicht mehr in den Sinn kommt. Wir sind, wie Narziss, zu stark damit beschäftigt, uns über das Begehren der anderen ein Minimum an Anerkennung zu erhaschen. Und wir sind zu stark beschäftigt mit all den Ängsten, die Symptombehandlungen nach sich ziehen, obwohl sie eigentlich nur neue Mittel finden, um die Panik zu tradieren.

Wenn ich im Bus sitze und ein Werbeplakat sehe, das mir Empfehlungen zur Hautkrebs-Prävention gibt, und wenn mir bei weiterem Herumschauen ein Plakat mit Ratschlägen zu Brustkrebs ins Auge springt, dann geht mich das plötzlich etwas an. Diese Werbung antizipiert eine tödliche Krankheit, die auch ich haben könnte, und offeriert mir

Hilfe. Auch ich habe eine Haut und Brüste, auch ich könnte eines Tages auf eine – heute in hohem Masse technisierte und robotisierte – Diagnostik und auf Hilfe angewiesen sein. Es ist eine invasive Werbung; sie dringt in meinen Körper ein, nistet sich dort ein, nur um mich zu retten. So wird die Lösung zum Problem; die unheilschwangere Vorahnung der medizinischen Präventionskampagne wird mich in Panik versetzen, und auf der Grundlage dieser panischen Grundstimmung werde ich Beruhigung suchen, mich auf das auf den Werbeplakaten vorgeschlagene Diagnostikprozedere einlassen. Und je mehr ich mich in diesen rastlosen Kreislauf hineinbegebe, umso mehr steigern sich meine Ängste und umso stärker wird mein Wunsch, von diesen Ängsten frei zu sein. Je mehr wir also den Bezug zu uns selber verlieren, je mehr wir unsere Gesundheit aus unseren Händen geben, umso grösser werden unsere Ängste, die im Verhältnis zur Aufgabe von Eigenverantwortung zunehmen. Wir sollten diese Ängste, diese Ohnmacht fürchten und uns auf deren Auslöser konzentrieren, bevor wir im medizinischen System Beruhigung suchen.

## *Die Sucht nach Technologie*

Für Narziss bedeutet Bindung, dass sein Ich vernichtet zu werden droht, aufgesaugt vom Gegenüber, das ihm fortan als gefährlich und bedrohlich erscheint. Dass er Beziehungen deshalb zu umgehen wünscht, liegt auf der Hand. So können wir die Affinität vieler Menschen zu Maschinen und Geräten verstehen. Gleichzeitig ahnen wir, dass der emotionale Mensch so entweder verhungert oder eine Sucht nach noch mehr technologischen Innovationen entwickelt.

Diese Abhängigkeit ist vergleichbar mit der Abhängigkeit von Drogen oder vom Alkohol, denen neben der beruhigenden oder aufputschenden Wirkung ebenfalls ein Destruktionsfaktor inhärent ist – denn Drogen und Alkohol führen oft zu Krankheiten und zu einem frühzeitigen Tod.

Solange das Freiheit verheissende wirtschaftliche und technische Wachstum anhält, solange vermögen Narzisse durch das Leben zu taumeln und diese Drogen zu konsumieren. Der Stoff wird ihnen nicht ausgehen. Wie alle Süchtigen können sie sich nicht trennen von der Droge, ohne in tiefe depressive Löcher, Einsamkeit und Verzweiflung zu stürzen, in die erfahrene Beziehungslosigkeit. Abhängigkeiten zeugen von Bindungslosigkeit, und diese müsste zuerst aufgearbeitet werden, bevor mit einem Entzug begonnen werden kann. Mit der Anerkennung der Differenz in einer intersubjektiven Beziehung wird der Missbrauch unterbrochen. Dann kann Narziss Nein sagen zu den Nymphen, Männern und Frauen, die ihn begehren, ohne dass er bestraft und in sich selbst eingeschlossen wird. Narzisstischen Tendenzen oder einem narzisstischen Grundduktus in Beziehungen und in der Gesellschaft können wir ausschliesslich mit intersubjektiven Bindungen abhelfen.

### *Die trennende Kamera*

Wenn ich die vielen Eltern beobachte, die ihre kleinen Kinder unentwegt filmen und fotografieren, dann treffen diese Kinder letzten Endes nur noch im Video auf sich selber. Zwischen ihnen und den Eltern steht also ein Apparat, der die unmittelbare Begegnung verunmöglicht, die unmittelbare Bindung trennt, obwohl die Fotografie und das Video gerade dazu da sind, zu verbinden, die Bilder zu teilen mit vielen Verwandten und Freunden, sie immer wieder abzurufen. Doch der Kamera unterliegt ein trennender Fetischcharakter. Weil Kinder angewiesen sind auf Spiegelung und in der emotionalen Reaktion des Gegenübers ihre Bedeutung ablesen können müssen, werden sie sich nur noch mit sich selbst auseinandersetzen können. Sie werden mit sich selbst alleine sein wie Narziss am Teich.

Die Kamera wird jeweils genau das ablichten, was den Eltern in diesem Augenblick gut gefällt. Meist bildet sie die Kinder als grossartig und einzigartig ab. So werden diese Kinder nunmehr versuchen, weitgehend so zu sein und zu bleiben wie in diesen Augenblicken, um den Erwartungen der anderen zu entsprechen. Nicht zuletzt wird das Kind so »fest-gehalten«, und zwar in zweierlei Hinsicht: einerseits im Bild, in der Erinnerung als aufsehenerregendes Kind, andererseits in der unbewusst geäusserten Erwartung der Eltern, zukünftig doch immer so zu sein, um all jene zu beglücken, die diese Videos und Fotos zu Gesicht bekommen.

Diese Kinder finden sich also plötzlich in der Schuldigkeit wieder, die anderen erfreuen und vergnügen, deren Erwartungen entsprechen zu müssen und die eigenen Wünsche und Bedürfnisse in sich verschlossen »fest-zu-halten«. Ihr Ich konstituiert sich über das Beglücken der anderen. Genauso wird Narziss, der Überlebende, sich immer in der Pflicht fühlen, andere beglücken zu müssen, und er wird immer Schuldgefühle haben, weil er in dieser Hinsicht nie genügen wird. So wird die Schuld zum Beziehungskitt.

## Die Vernichtung in neuem Kleid

Schuldgefühle zeugen einerseits von einem unerbittlich fordernden Gegenüber, andererseits einem immer noch vorhandenen und widerständigen Ich, das dieser Schuldigkeit entkommen und sich unschuldig erfahren möchte. Mithilfe der Schuld- und Verantwortungsgefühle koppeln wir uns an das fordernde Gegenüber, um der Verlorenheit, der Bindungslosigkeit zu entgehen. Hingegen verstand es der norwegische Attentäter Anders Breivik – zumindest bis zu seiner Verurteilung und anfänglichen Haftphase –, dieses fordernde Gegenüber und damit seine Schuldigkeit erfolgreich zu verdrängen. Hier lohnt sich ein Vergleich mit Ödipus, der seine Eltern verliess, weil ihm das Orakel voraussagte, er werde seinen Vater töten und seine Mutter heiraten. Er wusste nicht, dass sie nur seine Pflegeeltern waren. Auf dem Weg nach Theben tötete er seinen leiblichen Vater und heiratete darauf dessen Witwe, seine Mutter. Genauso werden die Abwehrformen, die uns unsere Psyche zur Verfügung stellt, zu unserem Verhängnis, wenn sie nicht rechtzeitig erkannt, verstanden und aufgelöst werden. Auch bei Anders Breivik entwickelte sich die Abwehr seiner Schuldgefühle, die ihm als Kind vermittelt wurden, zum grössenwahnsinnigen »Rettungsprojekt«, das 77 Menschen das Leben kostete.

Der Weg aus der Schuld und den Schuldgefühlen führt nicht über deren Abwehr oder Vermeidung, wie es beispielweise Ödipus versuchte. Vielmehr ist es für Narzisse unumgänglich, die Strafe der Bindungslosigkeit aufzuarbeiten und mit der neuen Erfahrung einer intersubjektiven Bindung die Sicherheit zu erreichen, die es ihnen ermöglicht, Schuld und Schuldgefühle aufzugeben. Auch bei Anders Breivik hätte sich dann der Rettungswahn verloren: er hätte weder seine Mutter stabilisieren noch Norwegen, Europa und die ganze Menschheit retten müssen. Stattdessen experimentierte er mit immer neuen Ich-Positionen, zum Beispiel als Held, als Retter Norwegens und Europas, als Idol. Nach dem Vorbild der Nationalsozialisten versprach er sich davon Erfolg und Grösse und nicht zuletzt den Anschein der Rechtmässigkeit. Solche grössenwahnsinnigen Ideen und Handlungen – aus welcher Gesinnungsecke sie auch stammen mögen – stehen in direktem Zusammenhang mit der inneren Ohnmacht und Bindungslosigkeit, in die Narziss durch seine Bestrafung geworfen wurde. Breivik tradierte das selbst erfahrene Vernichtungsmoment, indem er die Vernichtung als Rettung aller Menschen verkleidete. Diesem Plural inhärent ist die Destruktion der Differenz: Alle, aber wirklich alle müssen gerettet werden, und diejenigen, die sich dieser Rettung verweigern, dürfen ausgeschlossen, ja gar getötet werden. Mit dem Gedanken, die Welt zu retten, handeln wir uns Ohnmacht ein, denn er ist immer zum Scheitern verurteilt. Er scheitert an der Differenz. Wir wiederholen damit die Ohnmacht eines kleinen vernichteten Ich, das – verloren und in sich eingeschlossen – nur noch sein eigenes Bild im Teich als Gegenüber hat. Die Allmacht bleibt die Abwehr der Ohnmacht.

Die Verantwortung, die Anders Breivik für seine Tat übernahm, vermittelte ihm Gefühle der Grösse und Erhabenheit: Er ist der Retter einer ganzen Nation, eines ganzen Kontinentes. Seine »verantwortungsvolle« Tat rechtfertigt für ihn den Tod von 77 Menschen. Morden, um zu retten, entspricht einer üblichen Kriegsrhetorik. Mit dem Eingeständnis einer Schuld hingegen würde Breivik in die Wiederholung einer Bindungserfahrung geraten, die alles von ihm will. Er hat alles, auch sich selbst hinzugeben. In dieser Beziehung ist er immer derjenige, der dem Gegenüber noch etwas schuldig bleibt, der niemals unschuldig, also frei ist. Dieser endgültigen Vernichtung seines Ich will er zuvorkommen: Anders Breivik wollte, dass seine Tat ernst genommen wird als politischer Akt eines erwachsenen und intelligenten jungen Mannes. Über diese Tat konnte er sich als »potent« manifestieren; sein Massenmord wurde zu einem Akt, in dem er sich und uns seine Männlichkeit bewies, eine Potenz, die noch nicht ganz untergegangen ist, ein Ich, das noch nicht endgültig kastriert ist. Diese Tat sollte ihn befreien aus der Schuld eines Narziss, die Erwartungen der anderen erfüllen, die anderen beglücken zu müssen, um sein zu können. Der Massenmord war sein Versuch, sich in die Freiheit und Unabhängigkeit zu katapultieren. Und dennoch: Er bleibt in diesem Teufelskreis gefangen; geändert hat sich nur die Grösse der »anderen«. Es ist nicht mehr nur seine Mutter, die er zu beglücken und zu stabilisieren hat, sondern ganz Norwegen, ganz Europa und vielleicht später die ganze Welt.

Anders Breivik fehlte ein Gegenüber, das ihn regulierte und ihm Widerstand leistete. Stattdessen inszenierte sich dieses Gegenüber als sein Opfer und bürdete ihm damit eine enorme Verantwortung auf bzw. attestierte ihm so eine überdimensionale Grösse. So war es für Breivik unumgänglich, dass er sich in Grössen- und Allmachtsfantasien verliert – und sich selbst in diesen Fantasien. Hätte er nun eine Entourage bzw. viele Menschen um sich gehabt, die an seiner Grösse hätten partizipieren wollen, dann hätten sie damit diesem Morden eine Rechtmässigkeit verschafft. Von solchen Beziehungsdynamiken erzählt die Geschichte, auch die jüngste, zur Genüge.

Anders Breivik hat nach seinem Empfinden Gutes getan. Andere wiederum tun nach ihrem Empfinden Gutes, ohne dass sich die Menschen gegen sie stellen. Ich sehe zum Beispiel in einigen innovativen und invasiven Techniken, die vor allem im medizinischen Bereich Anwendung und grossen Zuspruch finden, die Gefahr einer normativen Ordnung. Dazu zitiere ich nochmals Andrea Komlosy: »Der Medizinsektor umfasst ein breites Spektrum von Forschungs- und Anwendungsfeldern [...] von der Körperüberwachung zwecks Optimierung von Funktionen und Behandlungen durch Apps oder implantierte Chips, [...] Funktionen und Bewegung über digitale Telemedizin und Telepharmazie bis hin zu ästhetischen Eingriffen, verhaltenssteuernden Massnahmen und der Manipulation der Gensubstanz vor oder nach der Geburt zur Verbesserung von Körper- und Verhaltenseigenschaften.« Das alles birgt die Gefahr eines normativen Druckes in sich, und es ist gerade dieser Druck, der das Ich als seelisches, empfindsames und emotionales Wesen ausser Acht lässt. Der Mensch wird nicht mehr als Beziehungswesen angesehen, sondern in Funktionen unterteilt, die behandelt und auch verändert bzw. verbessert werden können. Das Menschsein wird in körperliche Funktionen seziert, und dementsprechend geht die Bindung zu sich und zum anderen Menschen und zur Welt immer mehr verloren. Die Beziehung zu sich selbst wird eine Beziehung der Optimierung, und diese wiederum erfordert die neuen Technologien.

Das alles nimmt narzisstischen Beziehungsstrukturen

den Charakter der Bedrohung, so wie Breivik die Mehrheit seiner Mitmenschen als Bedrohung wahrnahm. Das Gegenüber ist mit sich selbst, seiner Optimierung und seinen digitalen Kommunikationsgeräten beschäftigt und fällt somit als einforderndes Wesen ausser Betracht. Und je mehr das Gegenüber etwa durch Künstliche Intelligenz ersetzt wird, umso mehr verliert es an Gefährlichkeit, verliert die Bedrohung an Gewicht, vom anderen einverleibt zu werden, um dort seine Schuldigkeit zu tun. So gerät die Bindung zwischen Menschen immer mehr in den Hintergrund, müssen Konflikt, Auseinandersetzung und Begehren anderen Begrifflichkeiten Platz machen, nur um die toxischen narzisstischen Bindungen erträglich zu machen.

Was sich jedoch nicht ändert, ist unsere ständige Bezugnahme auf dieses System, die Abhängigkeit davon und das Sklaventum, das wir uns damit einhandeln. Dieses System, in dem wir uns in die Wünsche der anderen einzubetten und immerfort Bezug auf sie zu nehmen haben, um nicht aus Beziehungen zu fallen und verloren zu gehen, dieses System bleibt bestehen und tradiert sich. Daher ist dieses Narrativ weder gebrauchs- noch wandlungsfähig. Es wiederholt die Verlorenheit und Einsamkeit, indem es diese abwehrt. Die einzige Rettung, die einem Ich in diesem System widerfahren könnte, wäre, dass es gesehen und in seinem Sein anerkannt würde; dass es folglich sein Ich in der Anerkennung der Differenz erfahren könnte.

## Tod und Unsterblichkeit

Solange wir unsere Sterblichkeit verdrängen können, bleibt uns das Gefühl der Leere erspart, das der Mangel einer intersubjektiven Beziehung schafft, also einer Beziehung, die uns auffangen und ermöglichen könnte, über unsere Sterblichkeit, über die Trennung von anderen Menschen und von der Welt zu trauern. Diese Leere kann mit lebensverlängernder Technik – etwa Robotik, Bio- und Nanotechnologie – überbrückt werden. Moderne Technologien helfen uns, den Schmerz der endgültigen Trennung aufzuschieben und ins Unbewusste zu verdrängen. Sie helfen uns, uns vor dem Leben und vor dem Tod bzw. vor der Bindungslosigkeit und der Einsamkeit und Verlorenheit zu schützen.

Über unsere Sterblichkeit zu trauern, wird erst nach einer gelungenen Ablösung des jungen Erwachsenen vom Elternhaus möglich. Als gelungen ist sie dann zu verstehen, wenn sowohl die Eltern als auch das Kind sich trennen können, ohne die Beziehung oder die Autonomie des Kindes zu gefährden. Ist diese Ablösung geglückt, sind danach auch Beziehungen möglich, die nicht symbiotisch sind, sondern vielmehr als Gemeinschaft mit Autonomie gedacht und gelebt werden können. So wird das Trennende ein Teil der Beziehung und schliesst damit auch den Tod ein, der die endgültige Trennung bedeutet. Und so müssen auch weder der Schmerz noch die Trauer gefürchtet werden, weil sie nicht ewige Verlorenheit und Beziehungslosigkeit bedeuten. Es ist ein Schmerz, der für alle unumgänglich ist.

Die Hölle und das Fegefeuer haben im Christentum nicht nur grosse Bedeutung erlangt, weil die Kirche mit dieser Idee die menschliche Triebhaftigkeit züchtigen wollte, sondern auch, um der Verlorenheit, Bedeutungslosigkeit und Bindungslosigkeit der Menschen – mit anderen Worten: der Ungetrenntheit – einen neuen Ort zu geben. Wir haben die Wahl: entweder Himmel, Fegefeuer oder Hölle. Doch alle drei lassen uns niemals alleine und einsam sein. Wir befinden uns darin immer in Gruppen und in einem Bezugssystem zu einem allmächtigen Gott.

Ich gehe davon aus, dass die Angst vor dem Tod die Angst vor der Einsamkeit ist, die mit dem Tod etwa eines Lebenspartners eintritt. Für Menschen wie Narziss ist diese endgültige Trennung von der Welt traumatisch, sie stürzen in die Bindungslosigkeit und streben aus diesem Grund mit aller Kraft an, die Trennung aufzuhalten, gar Unsterblichkeit herzustellen. In diesem Wunsch nach Unsterblichkeit geht es nicht in erster Linie darum, ewig leben zu können, sondern sich nicht trennen zu müssen. Trennung wird für Narziss immer mit Schuld gleichgesetzt, mit Täterschaft, denn die Abgrenzung des Ich von den Wünschen anderer bedeutet die Trennung von der verschmelzenden Einheit. Deshalb muss der Narziss, der überleben will, die Trennung um jeden Preis vermeiden. Dies, um nicht in die Schuldfalle, in die ihm als Strafe auferlegte Einsamkeit zu stürzen, die wiederum auch Bedeutungslosigkeit miteinschliesst.

Aus diesem Grund ist es ein Wunsch vieler, zu so viel Bedeutung zu gelangen, dass diese über den Tod hinaus noch wirksam ist, zum Beispiel mit Karrieren in der Politik, Wissenschaft oder Kultur, mit revolutionären Erfindungen, Gründungen von grossen Organisationen und so weiter. Damit macht die Vorstellung, einfach so zu verschwinden und vergessen zu gehen, nicht so viel Angst. Diese Menschen wünschen, in irgendeiner Form Spuren zu hinterlassen. Es kann zwar frustrierend und schmerzhaft sein, vergessen zu werden, hat aber darüber hinaus keine Bedeutung, schon gar keine existenzielle. Ohne diese Erfahrung kann das Vergessenwerden für einen Menschen tödlich sein – so erzählt es uns Ovid, und so bewahrheitet es sich für Narzisse. Narziss hatte nicht einmal mehr einen Adressaten für seine Wut und seinen Zorn, zumal Rhamnusia, die Göttin des Zornes und der Rache, gerade sein Aufbegehren bestrafte. Wenn das Nein strafbar wird, wenn das Nein, das ein Ja zu sich selber ist, nicht mehr sein darf, dann pervertiert das Nein in Destruktion.

### *Frau Sommerhalders Traum ...*

Frau Sommerhalder ist jung und hat ein kleines Kind, das seine ersten Schritte in Richtung Autonomie macht. Sie geht einer Teilzeitarbeit nach, und ihr Mann ist beruflich viel unterwegs. Jahrelang träumte sie den gleichen Traum. Die Haupterzählung mit ihrem Sohn als Darsteller, die Struktur der Träume, ist stets dieselbe, nur das »Bühnenbild« und die Szenarien wechseln. Sie erwacht jeweils in Panik. Manchmal schreckt sie nicht während des Traumes auf, erinnert sich auch nicht mehr daran, weiss jedoch mit der Zeit, dass ihre ängstliche und emotional wackelige Stimmung tagsüber sich wieder auf diesen Traum zurückführen lässt.

Ihr letzter Traum ging so: Sie befindet sich in ihrem Büro, und als es dunkel wird, schickt sie ihren zirka acht oder neun Jahre alten Sohn los, um allein nach Hause zu gehen. Der Sohn kennt den Weg, der durch einsame Gebiete und kleine Strässchen führt, die sich oft verzweigen und meist nicht beleuchtet sind. Irgendwo soll der Junge in einen Zug ein- und später auch noch umsteigen. Dem Sohn scheint das nichts auszumachen bzw. der Traum sagt nichts über seine Befindlichkeit aus. Doch plötzlich überfällt die Mutter die Angst: Sie befürchtet, dass der Rückweg für den Jungen doch zu gefährlich sein und er sich in der Dunkelheit verirren könnte. Als sie ihn sicherheitshalber anrufen will, funktioniert ihr Handy nicht mehr. Die Zahlen sind verschoben und das Display zerbrochen – sie kann keine Verbindung herstellen. An diesem Punkt erwacht sie meist schweissüberströmt und in Panik.

Alle Träume verlaufen nach diesem Muster. Einmal vergisst sie im Schwimmbad, auf ihr Kind aufzupassen. Dieses Mal ist es bedeutend jünger und kann noch nicht schwimmen. Plötzlich erinnert sie sich, dass sie ja auf ihn aufpassen sollte, und versetzt alle Leute im Schwimmbad in panische Aufruhr auf der Suche nach dem Kind. Was sich in jedem Traum wiederholt: Sie vergisst den Sohn, der deswegen Gefahr läuft, zu sterben, und kann in dem Moment, als sie sich an ihn erinnert, keine Verbindung mehr zu ihm herstellen. Frau Sommerhalder erwacht meist, bevor die Geschichte endet. Sie weiss also nie, wie sie ausgegangen sein könnte. Dass der Traum kein Ende hat, scheint ein wichtiger Bestandteil zu sein: Weder stirbt der Sohn noch wird er wiedergefunden; vielmehr nehmen Verlorenheit, Ungewissheit und Panik den ganzen Raum ein. Panik ist in ihrer Struktur ein Ausdruck der mangelnden Verbundenheit mit sich, mit den anderen Menschen, ja mit der Welt.

Frau Sommerhalders Verbindung zu ihrem Sohn ist also

getrennt; sie hat keine Gewalt mehr über ihn, er geht seinen Weg ohne sie. Dasselbe erlebten die Nymphen, Frauen und Männer, deren Wünsche und Ansinnen Narziss abschlug; auch er ging seinen Weg ohne sie. Nur rächten sich diese und liessen ihn grausam bestrafen. Frau Sommerhalder greift, wie der Traum signalisiert, zu ähnlichen Mitteln, deren Aggressivität jedoch bedeckter ist: Sie geht davon aus, dass ihr Sohn den Weg nicht alleine gehen kann, obwohl er ihn kennt; er braucht sie dazu, ist ohne sie verloren. Mit anderen Worten: Frau Sommerhalder depotenziert ihren Sohn. Mit hässlichen Worten: Sie kastriert ihn. Im Gegensatz zum bestraften Narziss, der nun keine Subjekte mehr für sein Begehren finden und in Einsamkeit sterben wird, bleibt Frau Sommerhalders Sohn aufgrund seiner »Impotenz« mit ihr verklebt; er wird seiner Aggressionen im Dienste des Ich beraubt, also auch seines Begehrens. Im Gegensatz zu derjenigen Rhamnusias greift die Rache der Frau Sommerhalder aber tiefer in die Eingeweide: Ihr Sohn wird sich die Eroberung von Frauen oder Männern, die er begehrt, nämlich gar nicht mehr zutrauen. Sowohl Echo als auch Frau Sommerhalder sind von dem begehrten Jungen abgeschnitten worden, und deshalb schneiden sie ihm sein Begehren ab.

Obwohl es neben Narziss und neben dem Sohn, der sich langsam von der Mutter ablöst und eigenständig wird, noch viele andere interessante Menschen gibt, denen man sich zuwenden könnte, bleiben Frau Sommerhalder und Echo in diesem »Einweg-Begehren« hängen. Sie werden zum körperlosen Schall oder von Panikattacken geplagt, anstatt sich andere Subjekte zu suchen. So könnte Frau Sommerhalder die Ablösungsschritte ihres Sohnes gutheissen und sie als Chance nutzen, um den eigenen Wünschen und Bedürfnissen vermehrt nachzugehen.

### *... und die Fragen nach den tieferen Ursachen*

Auf meine Frage, was genau sie denn in Panik versetze, antwortete Frau Sommerhalder: schuldig zu sein am Tod ihres Sohnes. Schuldgefühle sind also die Substanz ihrer Bindung zum Sohn, und vermutlich übertönen sie alle anderen Gefühle wie Liebe oder die Freude an seinem Werden und Wachsen. Bindung ist für sie mit Schuldgefühlen kontaminiert, und wenn sie mit dieser Schuld beschäftigt ist, dann beschäftigt sie sich mit sich selber und nicht mit dem Sohn, den sie ja scheinbar in Gefahr sieht. In diesem selbstbezogenen Bindungsgeflecht trägt in Frau Sommerhalders Wahrnehmung jegliche autonome Bewegung des Sohnes zu ihrer eigenen Einsamkeit und Verlorenheit bei, ausser sie behält die Kontrolle über ihn, indem sie ihn zum Beispiel depotenziert: Sie traut ihm den Heimweg plötzlich nicht mehr zu, obwohl er ihn kennt und obwohl es im Traum – und das in jedem dieser Träume – keine Anzeichen dafür gibt, dass er sich verloren und ängstlich fühlt.

Ein »unfähiger« Sohn jedoch wird sich schwerlich von der Mutter ablösen, um sich anderen Frauen und der Welt zuwenden zu können. Unter Ausschluss seiner Eigenständigkeit und seines potenten Ich kann sie ihn nunmehr für ihre eigenen Wünsche dienstbar machen und ihn weiterhin an sich binden. Auch er wird, wie Narziss, entweder an seiner Libido sterben oder sich in den Wünschen anderer einnisten und in der Pervertierung seines Begehrens Genuss und Erfüllung finden. Die unter solchem Druck eingerichteten Beziehungen lassen darauf schliessen, dass weder Frau Sommerhalder noch Echo nach dem Nein des anderen zu sich selber zurückfindet, um sich hier neue Bindungen zu suchen. Menschen wie sie wissen Beziehung nicht mit Autonomie zu verknüpfen, sondern binden die anderen als ihr Objekt, als Selbstobjekt, in die Beziehung ein.

Die Frage stellt sich: Warum ist es ihnen nicht möglich, sich vom anderen zu trennen, der Ablösung stattzugeben, das Nein zu respektieren? Warum haben sie eine solch fragile Ich-Position, dass sie unfähig sind, sich von einem ab- und einem anderen zuzuwenden? Warum können sie sich nicht für ihre eigenen Wünsche und Bedürfnisse einsetzen und sind auf andere angewiesen, die das für sie tun? Warum vermittelt Frau Sommerhalder ihrem Sohn das Gefühl, dass er es ihr schuldig sei, ihre Bedürfnisse – hier sogar in einer sexualisierten Form von Nähe – zu befriedigen? Warum bringt sie eigene Schuldgefühle ins Spiel: dass sie nämlich schuldig sei an einem möglichen Tod ihres Sohnes, obwohl der gar nie stirbt?

Wünscht sie sich womöglich die vollständige Kontrolle über ihren Sohn, wie sie nur über einen Toten möglich ist? Warum depotenziert sie ihren Sohn und mutet ihm plötzlich nichts mehr zu, obwohl er den Weg kennt und sich durchaus selbst zu helfen weiss? Vielleicht, um ihn weiterhin als Schwächling an der Leine führen zu können? Stellt sie auf diese Art und Weise die Beziehung zu ihm und ihre Bedeutung für ihn sicher? Eine Beziehung in der Schuldigkeit? Erlebt sie die trennende Autonomie des anderen in der Beziehung als Bruch? Fällt sie komplett in die Verlorenheit?

Frau Sommerhalders übermässiges Verantwortungsgefühl hat nichts mit ihrem Sohn zu tun, sondern vielmehr mit ihrem Wunsch nach Nähe. In genau dasselbe Übermass an Verantwortlichkeit wird Narziss von den begierigen Nymphen, Frauen und Männern gedrängt. Auf diese Weise wird Beziehung zu einem invasiven Hin und Her der Verantwortlichkeiten. Schuld und Schuldgefühle werden als klebriger Beziehungskitt eingesetzt, der beide in einer Mesalliance verbindet.

Gehen wir davon aus, dass Narziss, um zu überleben, keine andere Wahl hat, als sich von diesen Wünschen einverleiben zu lassen, die Erwartungen anderer zu erfüllen und in diesem Radius sein Leben zu fristen, dann wird er sich, einmal erwachsen, wohl der Mechanismen bedienen, die er selber erfahren hat. Denn jetzt weiss er: Mithilfe der Schuldigkeit kann er andere erfolgreich an sich binden. Und auch der Sohn von Frau Sommerhalder wird mangels der Erfahrung einer intersubjektiven Bindung zukünftig Beziehungen in der erfahrenen Form knüpfen. So funktioniert Tradierung.

Wenn das Ich im Begehren der anderen zu verschwinden hat, muss es als ein vernichtetes Ich gesehen werden. Und ein solches Ich kann im Erwachsenenalter kaum für sich und seine Bedürfnisse einstehen. Dazu fehlt ihm die Berechtigung. So ist es unumgänglich und in diesem Sinne auch einsichtig, dass es sich ebenfalls derjenigen Instrumente bedient, die eine einigermassen verlässliche Bindung versprechen, die nur eingegangen wird, um Einsamkeit zu vermeiden. Verlässlich, weil da eine Schuldigkeit geschaffen wird, die als Druck- und Kontrollinstrument dient. Die vermittelten Schuldgefühle nehmen das Gegenüber in der Beziehung in die Pflicht, einem jeden Wunsch von den Lippen abzulesen und zu erfüllen. Und falls es diese Pflicht nicht wahrnimmt, ist es verantwortlich für den Untergang des Partners, der Partnerin. So drehen sich auch Frau Sommerhalders Träume um ihre eigenen Nöte, die sie umgehend auf ihren Sohn projiziert: Er braucht sie, sonst ist er verloren. Es ist aber sie, die ihren Sohn braucht, ohne den sie verloren wäre.

*Frau Sommerhalder hat einen neuen Traum*

Auf einen kurzen Nenner gebracht: Der Mythos von Narziss und Echo steht für einen Kreislauf der Verlorenheit und Einsamkeit, die die Folgen einer Kastration des Ich sind; die Folge der Verkennung, dass der oder die andere anders sind als ich, dass sie ein Recht auf ihre eigenen Wünsche und Bedürfnisse haben. Diese Wünsche und Bedürfnisse abzuwürgen, wird im Mythos als unumgänglich dargestellt, unumgänglich, weil damit – zumindest vordergründig – die Verlorenheit und Verzweiflung der zurückgewiesenen Erwachsenen abgefedert werden kann. Die in ihrer Eigenständigkeit gebrochenen Narzisse werden sich als Erwachsene derselben Mechanismen bedienen, um Beziehungen herzustellen, die wiederum ihre eigene Einsamkeit und Verlorenheit mildern sollen. So wird Bindung zu einer Absicherungsmassnahme, die getroffen wird, weil das eigene Begehren und die intersubjektive Auseinandersetzung nicht zum Zug kommen können. Und das Leben wird zu einer Gratwanderung zwischen Ich-Verwirklichung und Ich-Verlust. Auf diesem Boden lernen wir, durchs Leben zu tanzen, einmal mehr, einmal weniger von Ängsten gepeinigt.

Frau Sommerhalder träumte im Lauf der Psychoanalyse

weiter. Auch die nächsten Träume zeugten von Verzweiflung und Ratlosigkeit. Und sie hinterliessen immer wieder diese Panik, die den ganzen Tag anhielt. Doch eines Nachts hatte Frau Sommerhalder einen völlig neuen Traum. Sie sah darin sich und ein Baby am Meer unter vielen Leuten. Im Hintergrund erhob sich eine Burg. Plötzlich war der Säugling in Gefahr und musste gerettet werden. Sie ging zu ihm, nahm ihn auf den Arm und ging mit ihm hinauf zur Burg. Hier musste sie viele steile und enge Treppen hochsteigen, zwischendurch ging es wieder runter. Alles war verwinkelt, doch sie trug das Kind vorsichtig auf ihren Armen durch das ganze labyrinthartige Gebäude. Dann wusste sie: Gleich hinter der nächsten Ecke wären sie in Sicherheit, gar zu Hause. Eine letzte Treppenstufe – und sie stürzte; der Säugling schlug mit seinem Kopf heftig auf dem Steinboden auf. Sie meinte, nun wäre er tot. Doch dann sah sie, dass er in einen metallenen Behälter eingepackt war, so eine Art Osterhasenform, in die heisse Schokolade gegossen wird. Um den Behälter war ein gehäkeltes Deckchen gebunden, dunkelblau, mit einem groben Raster. Diese Metallform hatte das Kind vor dem Aufprall geschützt. Sie war erstaunt und sehr froh. Und dann begann das Baby auch noch zu lächeln und mit den Augen zu blinzeln. Frau Sommerhalder erwachte voller Freude, lebendig und beruhigt aus dem Traum und wusste: Jetzt endlich hab ich mich.

## Literatur- und Quellenverzeichnis

Bibel in gerechter Sprache, Gütersloher Verlagshaus, Gütersloh, 2007

Burkhart, Julia: Von Bienen lernen. Das Bonum universale de apibus des Thomas von Cantimpré als Gemeinschaftsentwurf, Analyse, Edition, Übersetzung, Kommentar, 2 Bände; Reihe »Klöster als Innovationslabore«, Band 7, Schnell + Steiner, Regensburg, 2020

Camus, Albert: Der Mythos des Sisyphos, in neuer Übersetzung und mit einem Nachwort des Übersetzers Vincent von Wroblewsky, Rowohlt, Hamburg, 2000

De Sahagún, Bernardino: Wahrsagerei, Himmelskunde und Kalender der alten Azteken. Quellenwerke zur alten Geschichte Amerikas, Band IV; Kohlhammer, Stuttgart, 1950

Erdheim, Mario: Die gesellschaftliche Produktion von Unbewusstheit, Suhrkamp, Berlin, 1982

Freud, Sigmund: Das Unbehagen in der Kultur, S. Fischer Verlage, 2009

Fuchs, Eduard: Illustrierte Sittengeschichte vom Mittelalter bis zur Gegenwart, Band 3, Die galante Zeit, S. Fischer, Berlin, erstmals erschienen 1909/10

Glauser, Friedrich: Krock & Co.: Wachtmeister Studers vierter Fall, Morgarten, Zürich, 1941, zuerst 1937 erschienen als ›Die Speiche‹

Graeber, David und Wengrow, David: Anfänge, Klett-Cotta, Stuttgart 2022

Homer: Ilias und Odyssee, übersetzt von Johann Heinrich Voss, Winkler Verlag, München, 1957

Hunkeler, Thomas: Echos de l'ego dans l'œuvre de Samuel Beckett, Dissertation, Harmattan, Paris, 1998

Komlosy, Andrea: Zeitenwende, Promedia, Wien, 2022

Kramer, Heinrich (lat. Institoris) und Sprenger, Jacob: Der Hexenhammer: Malleus Maleficarum, Jazzybee Verlag, Altenmünster, 2016, erstmals verlegt 1486 in Speyer

Nietzsche, Friedrich: Nietzsche contra Wagner, Kritische Studienausgabe, Band 6, Reclam, Ditzingen, 1981

Publius Ovidius Naso: Metamorphosen, lateinisch/deutsch, übersetzt und herausgegeben von Michael von Albrecht, Reclam, Ditzingen, 1994, 2010

Schwab, Klaus und Malleret, Thierry: COVID-19 – Der grosse Umbruch, Forum Publishing, 2020

Skinner, Burrhus Frederic: Walden Two. An Utopian Novel, Macmillan, New York, 1948. Auf Deutsch: Walden Two. Die Vision einer besseren Gesellschaftsform, übersetzt von Harry Theodor Master, FiFa-Verlag, München, 2002

Suchier, R.; Klußmann, E.; Berg, A.: Ovids Werke Deutsch in den Versweisen der Urschrift, Langenscheidtsche Verlags-Buchhandlung, Berlin, 1903, 1855